课内海量阅读 之 增量阅读丛书

读老子学成语

（修订版）

张建超　赵飞燕　韩兴娥 ◎主编

下

编　委

张凤英　张爱丽　张　泓　何竹妮　孟花层　张淑娟　杜建霞

江西人民出版社
Jiangxi People's Publishing House
全国百佳出版社

图书在版编目（CIP）数据

读老子　学成语.下册 / 张建超，赵飞燕，韩兴娥
主编.—修订本.—南昌：江西人民出版社，2017.3
　ISBN 978-7-210-08808-0

　Ⅰ.①读…　Ⅱ.①张…　②赵…　③韩…　Ⅲ.①道家
②《道德经》—青少年读物　③汉语—成语—青少年读物
Ⅳ.① B223.1-49　② H136.3-49

中国版本图书馆 CIP 数据核字（2016）第 228651 号

读老子　学成语（修订版·下册）

张建超　赵飞燕　韩兴娥　主编

策划编辑：童晓英
责任编辑：章　虹
书籍设计：游　珑
绘　　图：鸽子绘画工作室
出　　版：江西人民出版社
发　　行：各地新华书店
地　　址：江西省南昌市三经路 47 号附 1 号
编辑部电话：0791-88600717
发行部电话：0791-86898815
邮　　编：330006
网　　址：www.jxpph.com
E-mail：506593941@qq.com
2016 年 10 月第 1 版　2017 年 3 月第 2 次印刷
开　　本：787 毫米 × 1092 毫米　1/16
印　　张：12
字　　数：145 千
ISBN 978-7-210-08808-0
定　　价：20.00 元
承印厂：江西省和平印务有限公司
赣版权登字—01—2016—613

走进经典，汲取精华

—— 《读老子 学成语（修订版）》选编说明

一、选编缘由

2014年9月，习近平总书记针对语文教学现状，说过这样的话："我很不赞成把古代经典诗词和散文从课本中去掉，'去中国化'是很悲哀的。应该把这些经典嵌在学生脑子里，成为中华民族文化的基因。"《老子》（又名《道德经》或《道德真经》，后文统称《道德经》）作为世界闻名的哲学宝典之一、我国道家学派的开山之作，无疑是中华民族最重要的经典之一。

《道德经》全文八十一章、五千余言，用诗化的语言全面阐述了老子的哲学观、人生观和政治观。但千百年来，由于《道德经》的博大精深，其阅读现状令人担忧。"也许是老子的那个时代没有人真正理解老子，或许真正认识老子的时代至今还没有到来"（德国学者尤利斯·噶尔），普通读者只能敬而远之，而广大中小学生也少有机会在课堂上接触到《道德经》这部经典。

作为教育工作者，我们有责任向中小学生推介这部经典。此次，我们邀请"课内海量阅读"创始人韩兴娥老师加入编写团队，融入她"保证常量，落实增量，追求海量"的编写理念，共同认真研读《道德经》，参考大量文献资料，以学生喜闻乐见的成语为突破口，编写了《读老子 学成语（修订版）》，旨在由点及面、由浅入深，逐步引导学生通过阅读走近老子，走进经典，走进人生及社会的大课堂。

二、基本结构

成语以其凝练的语言、丰富的内容，在世间广为流传。本书所选的80条成语，内容积极、浅显易懂，既有《道德经》中首见的，也有老子引用其他诸子言论的，还有出自《道德经》并经后人加以提炼的。这套书中，与成语相呼应的是160个古今中外经典故事和80段有创意的师生对话。在编排时，我们按照成语所在章节的顺序逐一呈现，每四个成语为一章，共二十章，其中上、下册各十章。每章由六个板块构成，既各自独立，又相互联系。

1. 成语溯源。精选一条与成语相关的《道德经》原文，对重点字词进行注音和注解，有助于学生初步理解。

2. 成语释义。对成语的原意及引申义进行简要说明。

3. 增量阅读。遴选一篇经典故事，借此让学生了解成语和《道德经》的原文意思。

4. 增量发现。设计出增老师和量量两个人物形象，通过师生对话，引导学生多角度阅读和思考，拓展并深化主题。

5. 主题链接。收录一篇经典小故事，供学生巩固所学知识。

6. 积累与运用。每个单元后面设计了积累和运用两类试题，以此巩固和扩大学生的学习成果。

同时，为满足学生深入阅读的需要，在上、下册后面分别附有《道经》和《德经》的原文。

《道德经》一书是人类最古老、最系统的"大成智慧学"。从这个角度看，《读老子 学成语（修订版）》或许只是这条历史文化长河中的一朵浪花，是通向"玄之又玄"境界的一条小道，即便如此，我们也为自己的努力感到欣慰。但由于水平有限，难免错漏，真诚希望读者能提出宝贵意见，以帮助我们提高，我们会在今后的研究实践中做进一步改进。

编 者

2016 年 9 月 20 日

目　录

伟大的无产阶级文学家、思想家、革命家鲁迅先生曾说：不读《道德经》一书，不知中国文化，不知人生真谛。他在《小杂感》中总结道：『人往往憎和尚，憎尼姑，憎回教徒，憎耶教徒，而不憎道士。懂得此理者，懂得中国大半。』

41 wú zhōng shēng yǒu 无 中 生 有

成 语 溯 源

天下万物生于有（道的有形质），有生于无（超越现实世界的形上之道）。

（选自《道德经》第四十章）

成语释义

【无中生有】原是道家的本体论思想，后用来形容本无其事，凭空捏造。

增量阅读

张仪诓（kuāng）楚

战国末期，七雄并立。实际上，秦国兵力最强，楚国地盘最大，齐国地势最好，其余四国都不是他们的对手。当时，齐楚结盟，秦国无法取胜。秦国的相国张仪是个著名的谋略家，他向秦王建议，离间齐楚，再分别击之。秦王觉得有理，于是派张仪出使楚国。

张仪带着厚礼拜见楚怀王，说只要楚国能断绝与齐国的联盟，秦国愿意把商于之地六百里［今河南淅（Xī）川、内江一带］送给楚国。楚怀王一听，觉得有利可图：一得了地盘，二削弱了齐国，三又可与强秦结盟。于是他不顾大臣的反对，痛痛快快地答应了。楚怀王派逢侯丑与张仪赴秦，签订条约。二人快到咸阳的时候，张仪假装喝醉酒，从车上掉下来，回家养伤，逢侯丑只得在驿（yì）馆住下。过了几天，逢侯丑见不到张仪，只得上书秦王。秦王回信说："既然有约定，寡人必会遵守。但是你们楚国还没有与齐国断交，怎能随便签约呢？"

逢侯丑派人向楚怀王汇报，楚怀王哪里知道秦国早已设下圈套，便立即派人到齐国大骂齐王。齐王大怒，与楚国彻底断交，转而与秦国交好。

这时，张仪的"病"也好了，他碰到逢侯丑，说："咦，你怎么还没有回国？"逢侯丑说："我正要同你一起去见秦王，商谈赠送商于之地一事。"张仪却说："这点小事，不要秦王亲自裁定。我当时已说将我的封邑六里送给楚王，我说了就成。"逢侯丑说："你说的是商于六百里！"张仪故作惊讶："哪里的话！秦国土地都是征战所得，岂能随意送人？你们听错了吧！"

逢侯丑无奈，只得回报楚怀王。楚怀王大怒，发兵攻秦。可是秦齐已经结盟，在两国夹击之下，楚军大败，秦军尽取汉中之地六百里。最后，楚怀王只得割地求和。

楚怀王中了张仪无中生有之计，不但没有得到好处，反而丧失大片国土。

增量发现

量量：我觉得楚怀王是个贪婪且目光短浅的人，他贪图小利，轻信张仪的承诺，最后因小失大，白白将自己的土地拱手让人，真是可悲！

增老师：是啊，张仪正是利用人性贪婪的弱点，巧妙地运用了三十六计中的"无中生有"之计，破坏了楚国与齐国的联盟，在楚国孤立无援的情况下，大败楚军，令楚怀王尝到了"贪小利而失其大利"的苦果。

量量：经过您的解读，我明白了这里的"无中生有"就是信口雌黄、凭空捏造的意思。那么，老子所说的"无中生有"也是这个意思吗？

增老师：不是。老子这句话的意思是，天下万物产生于看得见的有形质（"天下万物生于有"），有形质又产生于不可见的无形质（"有生于无"）。它表达了老子的本体论思想，"有""无"其实都是"道"的属性，"无中生有"就是"道"产生天地万物时由无形质变成有形质的活动过程。

主题链接

推销自己的毛姆

英国有一个著名作家名叫毛姆，喜欢读文学书籍的人对他应该不陌生。他年轻的时候是一个刀笔小吏，既没有身份地位，也没有钱。他只能靠辛辛苦苦写几篇小说挣点小钱，但他的书始终没有什么大的影响，没有大的影响就没有销量。平心而论，他早年的小说写得很出色，但就是没有市场，出版商几次想为他炒作也找不到一个吸引眼球的角度。怎么办呢？有一天，毛姆想到了一个办法。

他拿出钱包，点了点钱，发现正好够在报纸上做一次广告。于是他拿出全副身家，找到一家大报馆，准备登一则启事。什么启事？征婚启事。征婚启事的内容是，某男，年轻，相貌英俊，拥有百万家财，愿意寻觅如毛姆小说女主角一样的女性为伴。这个广告跟咱们现在的征婚广告差不多。广告一登出来，情况马上发生了巨大的变化。一时间，毛姆的小说成了书店的抢手货。没几天，全伦敦的书都卖完了。又过了几天，曼彻斯特的书也卖完了。没过多久，整个英国的书店都宣告毛姆的书售罄（qìng），印刷厂只好连夜加班补货。毛姆一下子由一个默默无闻的写手变成了畅销书作家。

毛姆作为作家，特别善于洞察人心，他知道，猎奇心人皆有之。毛姆正是抓住了这一点，巧用"无中生有"之计，促成了小说的畅销。

42　若存若亡
ruò cún ruò wáng

成语溯源

上士闻道，勤而行（实行，贯彻）之；中士闻道，若存若亡；下士闻道，大笑之。不笑不足以为道。

（选自《道德经》第四十一章）

成语释义

【若存若亡】有时记在心里，有时忘记。形容若有若无，难以捉摸。

伯乐相马的故事

传说中，天上管理马匹的神仙名叫伯乐。在人间，人们把精于鉴别马匹优劣的人也称为伯乐。第一个被称作伯乐的人本名孙阳，他是春秋时代的人。由于他对马的研究非常出色，人们便忘记了他本来的名字，干脆称他为伯乐。

一次，伯乐受楚王委托，购买能日行千里的骏马。伯乐向楚王说明，千里马少有，找起来不容易，需要到各地寻访。伯乐跑了好几个国家，素来盛产名马的燕赵一带也仔细寻访过了，可还是没发现中意的良马。有一天，伯乐在从齐国返回的路上，看到一匹马拉着盐车，很吃力地在陡坡上行进。马累得气喘吁（xū）吁，每迈一步都十分艰难。伯乐不由得走到这匹马跟前，此时马突然昂起头来瞪大眼睛，大声嘶鸣，好像要对伯乐倾诉什么。伯乐立即从声音判断出，这是一匹难得的骏马。伯乐对驾车的人说："这匹马在疆场上驰骋，任何马都比不过它，但用来拉车，它却不如普通的马。你还是把它卖给我吧。"

驾车人认为伯乐是个大傻瓜，他觉得这匹马太普通了，拉车没气力，吃得又多却骨瘦如柴，便毫不犹豫地同意了。伯乐牵走千里马，直奔楚国。待来到楚王宫，他拍拍马的脖颈说："我给你找到了好主人。"千里马好像明白伯乐的意思，抬起前蹄把地面震得咯咯作响，引颈长嘶，声音洪亮。楚王听到声响，走出宫外。伯乐指着马说："大王，我把千里马给您带来了，请仔细观看。"

楚王见伯乐牵的马瘦得不成样子，以为伯乐愚弄他，有点不高兴，说："我相信你会看马，才让你买马，可你买的是什么马呀？这马连走路都很吃力，能上战场吗？"伯乐说："这确实是匹千里马，不过拉了一段时间车，又喂养不精心，所以看起来很瘦。只要精心喂养，不出半个月，一定会恢复体力。"

楚王将信将疑，便命马夫尽心尽力把马喂好。果然没过多久，千里马变得精壮神骏。楚王跨马扬鞭，但觉两耳生风，喘息的工夫，马已跑出百里之外。

后来，千里马为楚王驰骋沙场立下不少功劳，楚王对伯乐更加器重。

伯乐相马是有一套相马理论的，也就是我们所说的"相马之道"。可是对于不懂相马术的楚王来说，他只是单凭眼睛去看，而不具备透过现象看本质的高超眼力。所以，当伯乐告诉他，自己相中的就是千里马时，他感觉难以理解。楚王相马就是老子所说的中士行为，他们不是用大脑而是用眼睛思考问题，就事论事，相信"耳听为虚，眼见为实"，总是以怀疑的眼光看世界。生活中，他们是跟随者、等待者，阻止他们前进的不是高山，而是鞋里的一粒沙子。

 增量发现

量量：增老师，老子这段话应该是讲上士、中士和下士对道的不同态度和反应，您能给我具体讲解一下这段话的意思吗？

增老师：老子说，上士听到道，努力去实践（"上士闻道，勤而行之"）；中士听到道，将信将疑（"中士闻道，若存若亡"）；下士听到道，哈哈大笑（"下士闻道，大笑之"）。不被嘲笑便不足以成为道（"不笑不足以为道"）。

量量：增老师，我能理解上士和中士对道的态度，但是我没法理解下士对道的态度。另外，老子为什么会说不被嘲笑便不足以成为道呢？

增老师：因为道与世间万物不同，它幽隐难见、深邃内敛，超越了人们的感觉和知觉，下士根本无法真正体悟道，他们觉得道空洞、不切实际，所以才会嘲笑道。而正是因为道隐藏于现象背后，不易被一般人察觉，所以老子才说不被嘲笑便不足以成为道。

主题链接

兄弟修道

兄弟二人皆立志远游修道，无奈父母年迈，弟妹年幼，老大家里还有病妻弱子，所以一直未能成行。

某日，一得道高人路过，兄弟二人要拜其为师，并将家中难处诉说一番。道士双手合十，微闭双目，喃喃自语："舍得，舍得，没有舍哪来得？你二人悟性皆不够，十年后我会再来。"然后，飘然而去。

哥哥顿悟，手持经书决绝而去。弟弟望望父母，看看病嫂幼妹，终不能舍弃。

十年后，哥哥归来，口诵道经，念念有词，仙风道骨，略见一斑。再看弟弟，弯腰弓背，面容苍老，神情呆滞（zhì），反应迟钝。

道士如期而至，问二人收获。

哥哥说："十年内游遍高山大川，走遍天下道观，背诵真经千卷，感悟万万千千。"

弟弟说："十年内送走老父老母，病嫂身体康复，幼妹成家立业。但因劳累无暇诵读经书，恐与道长无缘。"

道长微微一笑，决定收弟弟为徒。哥哥不解，追问缘由。道士说："道在心中非名山，终身为善经万千。不敬父母何谓敬？舍本逐末道无缘。"哥哥默然。

43 大器晚成
dà qì wǎn chéng

成语溯源

故建言（立言）有之：明道若昧；进道若退；夷（平坦）道若纇（lèi，不平）；上德若谷；大白若辱（黑垢）；广德若不足；建（通"健"，刚健）德若偷（怠惰）；质真若渝（变污）；大方无隅（yú，角）；大器晚成。

（选自《道德经》第四十一章）

成语释义

【大器晚成】大的或贵重的器物需要长时间加工才能完成。后用来比喻能担当重任的人要经过长期的锻炼，所以成就较晚。

增量阅读

姜子牙大器晚成

姜子牙是商朝人，他的始祖因辅佐大禹治水有功而被封于吕地。到了姜子牙出世时，家境已经衰落了，因此姜子牙年轻的时候做过宰牛贩肉的屠夫，也开过客栈，以此勉强度日。姜子牙虽然贫穷，但志向远大，他始终刻苦地学习天文地理、兵书战策，研究治国安邦的学问，希望有一天能施展才华，为国家效力。但是，一直没有这样的机会。

姜子牙晚年常在渭（Wèi）水旁垂钓。别人钓鱼，用的都是弯钩，上面挂着饵（ěr）料，然后把鱼钩沉入水中。而姜子牙的鱼钩却是直的，上面不放鱼饵，而且离水面有三尺高。

一天，有个樵（qiáo）夫来到溪边，见姜子牙用不放饵料的直钩在水面钓鱼，感到十分不解，就对他说："老先生，像您这样，就算过一百年也钓不上一条鱼啊！"

姜子牙举了举钓竿，笑着说："跟你说实话吧，我并不是为了钓鱼，而是为了有一天能钓到王侯！"

姜子牙这种奇特的钓鱼方法，终于传到了周部落的英明领袖周文王姬昌耳中。文王知道后，派一名士兵去叫他过来。但姜子牙对这个士兵并不理睬，只顾钓鱼，还自言自语地说："钓啊钓，鱼儿不上钩，虾米来胡闹！"

文王听了这个士兵的禀报后，又改派一名官员去请姜子牙来。可是姜子牙仍然不搭理，边钓边说："钓啊钓，大鱼没上钩，小鱼别胡闹！"

文王这才意识到，这个垂钓者必定是位贤才，应该亲自去请他才对。于是他斋（zhāi）戒了三天，沐浴更衣，携带厚礼，前去聘请姜子牙。姜子牙见文王诚心诚意来请自己，就答应为他效力。

一番交谈之后，周文王认定姜子牙是当世难得的贤才，便任命他为国师，专管军事。后来，姜子牙辅佐文王兴邦立国。文王死后，他尽心竭力地辅佐武王姬发，帮助武王灭商兴周，为奠定周朝八百年基业立下了汗马功劳。

姜太公年轻时怀才不遇，直到晚年才被明主发现，从而实现了自己的政治理想，因此，他可称得上是"大器晚成"的典范。

增量发现

量量：增老师，读了姜子牙大器晚成的故事，我发现姜太公之所以能功成名就，是因为他心怀远大志向，并为了实现自己的抱负不断学习，终其一生而未歇。

增老师：没错，年轻时的不得志与磨难，并不会影响坚持者大器晚成。坚持不懈的努力和终将到来的机遇是大器晚成者走向成功的必要条件。

量量：我明白了，只要永远不放弃追求梦想的脚步，终有一天会取得成功。老子这段话还讲了什么道理呢？请您为我解读一下吧！

增老师：老子说，所以古时候立言的人说过这样的话（"故建言有之"）：光明的道好似暗昧（"明道若昧"）；前进的道好似后退（"进道若退"）；平坦的道好似崎岖（"夷道若纇"）；崇高的德好似低下的川谷（"上德若谷"）；最洁白的好似含垢（"大白若辱"）；广大的德好似不足（"广德若不足"）；刚健的德好似怠惰（"建德若偷"）；质性纯真好似

混沌未开（"质真若渝"）；最方正的好似没有棱角（"大方无隅"）；最贵重的器具总是最后才制成（"大器晚成"）。

主题链接

重耳流亡十九年

晋文公重耳是著名的"春秋五霸"之一。然而，他成就霸业的历程并非顺风顺水。

公元前656年，晋献公听信宠姬骊（Lí）姬的谗言，逼死太子申生。公元前655年，又派人引兵杀重耳。重耳不愿与父亲抗争，在一批大臣护卫的追随下，逃到母亲的娘家——狄（Dí）族避难，从此开始了漫长的流亡生活。

狄族是北方少数民族，民风彪悍（biāo hàn）。重耳在此避难十多年，深受游牧民族的影响，养成了暴烈的性格。他经过卫国时，五鹿的野人给他吃泥，他就跳下车挥着鞭子要去抽野人；狐偃劝他乘车离开齐国，他居然夺过大戈，要去砍狐偃；楚成王请他吃饭，他却黑着脸摆谱，恨不得当场打起来……

后来他离开狄族，开始了在各国的流浪生涯。经过这些国家时，有的君主对他盛情款待，有的君主对他冷眼相看，这种差别待遇令他渐渐养成双重性格。

一方面他很宽仁，对有恩于他的人，比如僖（Xī）负羁（jī）和老叫花们，他都格外记得去回报他们；介子推割下大腿肉给他吃，他后来穿上凶丧之服向介子推真诚地表示歉意，并封赏介子推；宋襄公送给他二十辆大马车，他就送给宋襄公的儿子一大块卫国土地。在晋楚城濮之战中，他感恩楚成王昔日对他的盛情款待，在两军对垒时让晋军退避九十里地，以示对楚成王的敬意。

但另一方面他又非常记仇，稍微惹过他的人，譬（pì）如曹共公、卫成公、郑文公，都被他秋风扫落叶般无情打击，可谓睚眦（yá zì）必报。

晋文公在外流亡十九年，历尽艰险，备尝冷暖，其不寻常的经历，以及与各国君臣的接触、交往，使他有了丰富的阅历和政治经验，最终他成功复国兴晋，成为古代忧劳兴国、大器晚成的典型。

44 大音希声
dà yīn xī shēng

成语溯源

大音希（听之不闻）声；大象无形；道隐无名。

（选自《道德经》第四十一章）

成语释义

【大音希声】最高妙的乐声反而听起来无声无息。老子用它来形容道超越了人类的一切感觉和知觉，幽隐难见。

增量阅读

陶渊明的故事

公元 365 年，陶渊明出生在江西的一个没落官僚地主家庭，曾祖陶侃曾任东晋大司马。后来家道中落，生活困顿，陶渊明不得不以耕作维生。直到 29 岁，他才以仕代耕，开始做一些小官。然而，在门阀士族的把持下，官场黑暗，再加上他刚烈的性格，他与那个黑暗的官场格格不入。陶渊明 41 岁时，在任彭泽令 80 天后，因为不肯"为五斗米折腰"，辞去官职，归隐田园。

陶渊明辞官归里，因其居住地门前栽种了五棵柳树，故被人称为"五柳先生"。从此，田园生活成了陶渊明诗文的主要题材。他用自己的笔去赞美躬耕，描绘了一幅幅农村劳动生活的图画，因而他的作品散发出永恒的魅力。相关作品有《饮酒》《归园田居》《桃花源记》《五柳先生传》《归去来兮辞》等。他还开创了中国古典诗歌的一个重要流派——田园诗派。

然而，这样一个伟大的诗人，在文学史上被接受竟经历了一个漫长的历程：由晦到显。南朝文学批评家钟嵘（róng）在《诗品》中评价道："陶渊明诗源出于曹魏文学家应璩（qú），后有人讥讽他的立论不当，或者为了解释自己的观点，论证不足，不能尽惬人意。"钟嵘只是称他为"隐逸诗人之宗"，并将他的诗置于中品。陶渊明的隐士身份影响了后世读者对他的接受，再加上他平淡自然的诗风与当时崇尚的华丽文风并不一致，所以他的作品当时并没有引起文论家的重视。

南朝梁代文学家萧统是第一位高度评价陶渊明的人，他既敬仰陶渊明的人品，也推崇其作品。到了唐代，唐朝独特的隐逸文化使陶渊明日益显扬，推崇他的文人很多，李白、杜甫、白居易都非常欣赏陶渊明的才华。而宋代特定的文化氛围、文人心态和审美情趣，使陶渊明遇到了真正的知音。他名声大振，成为历史上最有影响力的诗人。文人士大夫中，对陶渊明最为推崇的当属北宋苏轼，他大力褒扬平淡的陶诗切合了宋代的诗歌观念，使陶诗达到了接受的高峰，南宋朱熹更是视陶渊明为古今第一流高士。至此，宋代文人对陶渊明的推崇达到无以复加的程度，陶渊明真正确立了他在文学史上的地位。

可以说，陶渊明的诗歌无论在思想上还是艺术上，都远远超过与他同时代的很多诗人，唯其如此，才影响了一代又一代的文学家，直到今天。

增量发现

量量：增老师，通过查阅资料，我发现古今学者对"大音希声"大概有五种解释：其一，最大的声音是没有声音；其二，最大的声音听起来反而是稀疏的；其三，"希声"即"无声"，它是在酝酿"大音"；其四，"大音希声"乃天乐，不能用耳朵去听，只能用心去感悟；其五，"大音"即合道之音，主要是指对声音情感的超越。看完这些解释，我越来越不懂"大音希声"的意思了。

增老师：其实，老子用"大音希声"来比喻道深邃内敛、幽隐未现。老子说，最高妙的乐声反而听起来无声无息（"大音希声"）；最大的形象反而看不见行迹（"大象无形"）；道幽隐而没有名称（"道隐无名"）。在这一章，老子用一种特殊的方法来描述不可言说的"道"。他列举了经验世界的很多概念，比如"大方""大音""大象"，然后一一否定它们的恰当性，打破经验世界的种种界限，以此向人们展现超越一切感觉和知觉的"道"。这样的"道"无法用感官感知，正如最高妙的乐声无法用听觉感知一样，人们只能透过现象去体悟它的存在。

寻访严子陵

严子陵，原姓庄，后人因避东汉明帝讳改姓严，名遵，字子陵。

严子陵年轻时就很有名望，后来游学长安时，结识了刘秀和侯霸等人。王莽为笼络人心，曾广招天下贤士。侯霸趁机出来做官，刘秀则参加了绿林起义军，决心推翻王莽政权。严子陵当时多次接到王莽的邀聘，但他不为所动，最后索性隐姓埋名，避居僻乡，彻底摆脱了王莽的羁绊。刘秀在洛阳建立东汉王朝后，求贤若渴，到处寻找严子陵。

几年后，刘秀得知严子陵披着羊皮隐居在齐国某个地方钓鱼，便立即派人带上聘礼，备好车子去请，一连请了三次，最后还亲自写信去请。严子陵实在无法推诿（wěi），才终于来到洛阳。

这时，侯霸已经当上了刘秀的丞相。原来他在王莽失势时，便及时转舵，向起义军靠拢，之后一步步登上了丞相的位置。他深知刘秀十分器重严子陵，所以听到严子陵来了，丝毫不敢怠慢，马上派人携书问候。严子陵却对侯霸那种追名逐利、一味投机的行为十分鄙视，看了侯霸的信后，也不愿回信，只让来人带了两句话回去，大意是"心怀仁德之心辅佐君王，天下的人都会感到喜悦，而一味阿谀奉承、顺应天子旨意则要带头拒绝"。侯霸认为这是揭他的疮疤，心中十分不满，从此想方设法要把严子陵撵出洛阳。严子陵看到侯霸这样的人居然当了丞相，也就不愿再在洛阳待下去了。他每天只在客栈里睡大觉，等待回家。甚至光武帝刘秀亲自来看望他，他也闭着眼睛，不理不睬。刘秀知道这位老友性情高洁、孤介，便抚着他说："子陵呀子陵，你到底为什么不肯辅助我治理国家呢？"严子陵突然睁开眼睛，盯着刘秀说："唐尧得天下，是因为德行远闻，才使隐者洗耳。你何必苦苦逼我呢？"刘秀见一时说服不了他，只得叹息着登车回宫去了。

过了几天，刘秀又将严子陵请到宫中，与他谈论旧事，谈得十分投机。晚上，还与严子陵同榻而眠。严子陵在睡梦中把脚搁到他的肚皮上，他也毫不介意。不料此事被侯霸知道了，他便让太史官第二天上奏，称昨夜客星犯帝座甚急，想以此引起光武帝对严子陵的猜忌。刘秀听了哈哈大笑，说："昨夜我和子陵同眠啊，没事！"然而严子陵却从这件事看到了小人的倾轧、官场的险恶，便执意不肯在洛阳待下去了。当刘秀还想要他做谏议大夫时，他终于不辞而别，悄然离去，隐居于富春山下。

公元41年，光武帝刘秀再一次征召严子陵，严子陵再一次拒绝了，并索性回到故里陈山隐居起来，没过几年，便老死于此，享年八十。

积 累 与 运 用

一、根据意思填成语。

1. 有时记在心里，有时忘记。形容若有若无，难以捉摸。

（　　　　　　）

2. 比喻能担当重任的人要经过长期的锻炼，所以成就较晚。

（　　　　　　）

3. 形容本无其事，凭空捏造。（　　　　　）

4. 最高妙的乐声反而听起来无声无息。（　　　　　）

二、想一想，选取本单元学过的一个成语填写在括号里。

1. 齐白石 27 岁正式学画，57 岁毅然衰年变法，大胆革新绘画风格，
   终于成为享誉中外的绘画名家。他可称得上是（　　　　）
   的典范。

2. 在音乐欣赏中，我们应追求一种超越对声音直接感知的（
   　　　）的境界，即无声胜有声的境界。

3. 说话要以事实为根据，万不可信口开河，（　　　　　）。

4. 离家五十年后重返故乡，童年的记忆（　　　　　），好像已经
   模糊了，但它们仍深藏在内心深处，不曾遗忘。

第十二单元

现代著名史学家、文学家、哲学家胡适先生对老子的评价极高：老子是中国哲学的鼻祖，是中国哲学史上第一位真正的哲学家。胡适曾说：『老子的最大功劳，在于超出天地万物之外，别假设一个「道」。这个道的性质，是无声、无形；有单独不变的存在，又周行天地万物之中；生于天地万物之先，又却是天地万物的本源。』

45 欲益反损
<yù yì fǎn sǔn>

成语溯源

故物或（有时）损（减损，减少）之而益（增加），或益之而损。

（选自《道德经》第四十二章）

成语释义

【欲益反损】指原想有所获益，结果反受损害，形容事与愿违。

增量阅读

混沌之死

南海的帝王名字叫儵（tiáo），北海的帝王名字叫忽，中央大地的帝王名叫混沌。混沌的头就是一个肉疙瘩，没有耳、目、口、鼻。帝儵与帝忽常来中央大地与混沌聚会，混沌总是很热情、周到地招待这两位客人。

帝儵与帝忽对混沌的招待满怀感激之情，很想报答他。怎么报答呢？两人商量的结果是：给混沌开窍。每个人（当然也包括中央大地的臣民）都有耳、目、口、鼻七个孔窍，管听、管看、管饮食言语、管呼吸嗅觉。可是这位混沌大帝却一个孔窍也没有。于是帝儵与帝忽就想试着给他凿出来，混沌也未有异议。帝儵与帝忽不是莽撞地一锤子就凿通一窍，也不是一口气就凿通七个孔窍，而是谨慎地、分步骤有计划地进行开凿。头一天试凿一窍，很顺利，混沌没有不良感觉，完全可以继续。第二天又试通一窍，令人鼓舞。就这样一天试凿一窍，到第七天，最后一窍凿通了。

七窍凿成了，混沌却永远地逝去了！

增量发现

量量：帝儵与帝忽为混沌日凿一窍，本来是想报答混沌，结果却适得其反，这说明了什么道理呢？

增老师：这个故事告诉我们欲益反损的道理。老子说，所以一切事物，减损它有时反而得到增加（"故物或损之而益"），增加它有时反而受到减损（"或益之而损"）。由这个成语我们还可以联想到一个不常用的成语——续凫（fú）截鹤，它的意思是：野鸭的腿虽然很短，给它接上一截它就要发愁；仙鹤的腿虽然很长，给它截去一段它就要悲伤。

主题链接

东施效颦（pín）

春秋时期，越国有一美女名唤西施，不仅有沉鱼落雁之姿，闭月羞花之貌，就连平时所做的任何一个动作都是非常美的。因此常有一些姑娘模仿她的衣着装束，还有一些姑娘有意无意地模仿她的行为举止。

有一天西施患病，心口非常痛。她出去洗衣服时，皱着眉头，用一只手捂着胸口，虽然非常难受，但旁人看来那天的西施别有一番风姿。西施有一个邻居名叫东施，容貌非常丑陋。她见西施人长得美，别人还时常效仿她的衣着举止，就常常暗地里观察，想看看西施到底与别人有什么不同之处。这一天，她看到西施用手捂着胸口，皱着眉头的样子后，感觉非常美，于是跟着学起来了。东施本来容貌就丑，此时还皱起了眉头，捂住了胸口，弄得更加丑陋不堪，大家都觉得十分可笑。"东施效颦"的故事自此流传于世。

bù yán zhī jiào

46 不言之教

成语溯源

不言之教，无为之益，天下希（一本作"稀"，稀少）及之。

（选自《道德经》第四十三章）

成语释义

【不言之教】指用行动去实际地教育、感染和影响人，亦作"不言之化"。

增量阅读

赵宣子礼退杀手

春秋时期晋国有一个大臣名叫赵盾，人称"赵宣子"。当时晋国君王很荒淫（yín），但赵宣子很忠诚，经常向君王进谏，因此君王很烦他。

有一天，君王突然起了歹念，雇了一个杀手想把赵宣子杀掉。这个杀手名叫锄麑（Chú Ní），天不亮的时候，他就悄悄地潜入了赵宣子的家里。这时赵宣子卧室的门已经开了，他已穿好朝服，端端正正地坐在那儿闭目养神，等着上早朝。锄麑见到这样的情形很惊讶，他退了出来，叹了一口气，心想：一个人独处的时候都能恭敬守礼，他绝对是国家的栋梁，假如我杀了他，便是对国家不忠；假如我不杀他，又失信于君王。最后，陷入两难境地的锄麑撞树自杀了。

赵宣子的恭敬与正直让锄麑非常感动和震惊，竟然令锄麑牺牲自己的生命去挽救他。赵宣子的这种不言之教，后传为天下美谈。

 增量发现

量量：增老师，老子所说的不言之教，重在用行动教育、影响、感染他人，这让我想到了孔子的一句话："其身正，不令则行；其身不正，虽令不从。"

增老师：是的，不言的教导（"不言之教"），无为的益处（"无为之益"），天下很少能做得到的（"天下希及之"），但这正是现代教育追求的最高境界。

量量：增老师，行不言之教与老子的思想主张有什么关系呢？请您为我解说一下吧！

增老师：行不言之教是不采用死板的说教来督促和教导，而是用实际行动潜移默化地加以引导。这与老子顺其自然、清静无为的主张是一脉相承的。

曾子杀猪

曾子，名参（shēn），是孔子的得意门生。

有一天，曾子的夫人准备去集市，她的儿子哭着闹着要跟着去。曾夫人对他说："你待在家里，等我回来杀猪给你吃。"曾夫人刚从集市回来，曾子便要去杀猪。曾夫人赶紧阻止他说："我不过是和孩子开玩笑罢了，你居然信以为真了。"曾子说："小孩子是不能用玩笑糊弄的啊！小孩子缺乏思考和判断能力，等着父母去教他。今天你欺骗孩子，就是在教他欺骗别人。母亲欺骗了孩子，孩子就不会相信他的母亲，这不是用来教育孩子成为正人君子的方法。"于是，曾子把猪杀了，煮肉给孩子吃。

曾子用自己的行动教育孩子要言而有信，诚实待人，这种教育方法是十分可取的。这个故事告诉我们，成人的言行对孩子影响很大，父母首先要做到待人真诚，不欺骗他人，这样才能让孩子受到正确引导，成为一个诚信之人。

47 多藏厚亡
duō cáng hòu wáng

成 语 溯 源

　　甚爱（过分贪恋）必大费（耗费、耗损）；多藏（贮藏，积蓄）必厚亡（惨重的损失）。

（选自《道德经》第四十四章）

成语释义

【多藏厚亡】指积聚很多财物而不能周济别人，引起众人的怨恨，往往会招致重大损失。

增量阅读

和珅（shēn）跌倒，嘉庆吃饱

和珅出生于一个并不富裕的武官家庭，但他与弟弟和琳从小都受到了良好的教育，十来岁便被选入咸安宫官学，接受儒学经典和满、汉、蒙古文字教育。和珅天资聪颖，勤奋努力，后来仕途平坦，进入清王朝权力的最高层，成为乾隆皇帝的亲信宠臣。

和珅贪赃枉法，横行敛财，是名副其实的大贪官。1799 年，乾隆驾崩。几天后，嘉庆帝宣布和珅的二十条大罪，下旨抄家。

经查，和珅贪银八亿两，当时清廷每年的税收不过七千万两，相当于当时清政府十几年的岁入，其家产竟然是当时国库的四倍。和珅的府邸也令时人瞠目结舌，规模宏大，占地约六万平方米，拥有各式建筑群落三十多处，布局讲究，气派非凡。府内花园又名锦翠园，模仿皇宫内的宁寿宫建造而成。整体设计富丽堂皇，斋室轩院曲折变幻，风景幽深秀丽，每日都有碧水潆洄（yíng huí）并流经园内。和珅颇好文史典籍，在职期间多有文物古籍，或强取豪夺，或重金获买，其藏书处"致斋"收藏规模宏大，甚至超过皇宫。

嘉庆帝下令逮捕和珅入狱，和珅知道自己的末日即将到来。罪状公布的当晚正是元宵，他对着皎洁的月光，不由感慨盈怀，写下了《上元夜狱中对月》一诗："夜色明如许，嗟余困不伸。百年原是梦，廿载枉劳神。室暗难挨晓，墙高不见春。星辰环冷月，缧绁（léi xiè）泣孤臣。对景伤前事，怀才误此身。余生料无几，空负九重仁。"这首诗真实地展现出他当时的处境和心情。他二十年苦心孤诣地耍弄权术、搜刮财富，如今一切都化为乌有，真是"枉劳神"矣！和珅在狱中自尽，时人尽称"和珅跌倒，嘉庆吃饱"。

增量发现

量量：增老师，我发现老子这两句话是对应着说的，如"甚"和"大"，"多"和"厚"，它们是不是都表示程度呢？

增老师：是的，凡事都要有个度，否则，就会物极必反。你看，一个人"爱名""多藏"都无可非议，但过分贪恋名声必定要付出重大的耗费（"甚爱必大费"）；过多积敛财富必定会招致惨重的损失（"多藏必厚亡"）。

量量：我知道了，和珅就是因为从老百姓那里搜刮了过多的财富，又不救济穷人，所以招致杀身之祸。现在很多人富裕以后，常做慈善事业，这应该提倡和表扬。

主题链接

楚王沉江

"甚爱必大费，多藏必厚亡"，明末以吝啬出名的楚王朱华奎为这句话做了标准注解。

楚王的财富是非常多的。自明朝建立以来，他近三百年的财富累积起来，几乎富可敌国。

就在张献忠进攻楚王驻地武昌时，左良玉表示愿意帮楚王抵御张献忠，前提是楚王出兵饷。左良玉的兵一年才发了一次军饷，严重影响战斗力，没想到楚王当即拒绝了。张献忠兵临城下，楚王的手下为了募集更多的士兵来保卫武昌城，恳求楚王把金库里的金银拿出一点来招募士兵，楚王拿了一把椅子给手下，说："这是当年太祖皇帝坐过的椅子，你们拿去卖了。"武昌守将朱其指出那把椅子是楚王上一年花半两银子买的，楚王立刻以藐视亲王为名打了朱其四十大板。朱其十分怨愤，于是投降张献忠，带张献忠入城。后来，张献忠查抄楚王府，得黄金三万多两，白银超过六百万两（一说一百八十万两），差不多比明朝末年全国的财政收入高两倍。张献忠把楚王的金银珠宝拉往城外，六百多车都没拉完。张献忠把质量最差的珠宝与七十五岁的楚王朱华奎放在一个口袋内，然后沉入江中，吝啬了一辈子的楚王至此走到了生命的终点。

48　知足不辱　知止不殆
zhī zú bù rǔ　　zhī zhǐ bú dài

成语溯源

故知足不辱，知止不殆，可以长久。

（选自《道德经》第四十四章）

成语释义

【知足不辱　知止不殆】指知道满足就不会受到羞辱，知道适可而止就不会招致危险。多用于劝人不要贪得无厌。

增量阅读

范蠡（lǐ）弃官经商

范蠡，楚国人，年轻时深受道家思想影响。他与当时才能突出的政治家文种是莫逆之交，后来两人一起去越国为官。在他们的帮助下，越王勾践最终打败了吴王夫差，成就了富国强兵的霸主之梦。

勾践灭吴之后，设宴庆功。范蠡因谋划有功，官封上将军，群臣皆大欢喜，只有勾践皱眉不语。范蠡察言观色，立时明白过来。他想：越王勾践处心积虑成就霸业，不惜用群臣的生命作为代价，而今大业已成，如愿以偿，他自然不愿让大臣们分去功劳。常言道"树大招风"，既然功成名就，不如趁此急流勇退。想到这里，他果断向勾践请辞，准备隐居山林。

勾践听到这个请求，不由思前想后，迟迟说道："先生如果留在我身边，我会与您共享越国。"政治头脑十分清醒的范蠡，对于宦海得失、世态炎凉自然品味得格外透彻，他知道勾践说的"共享越国"纯属假话，不敢对此心存奢望。

事后，范蠡不辞而别，带领家人奴仆驾扁舟，渡东海，来到齐国，并在那儿定居下来。范蠡改名后开始在齐国创业，不久他就依靠渔盐贸易发家，积累了家产。齐国贵族议论道："说不定他能治理好国家。"于是，有人推举他担任相国。

面对举荐，范蠡叹气说道："经营产业可以积累家产，做相国会让人达到权力顶峰，可是长期如此不是好事。"于是，他谢绝了举荐，分赠家财给亲朋邻居，带着家人离开齐国，到达山东陶地。当时这里是商业发达之地，交通便利。定居于此，范蠡再次改名为朱公，世人称他为陶朱公。

范蠡的事业从头开始，他带着妻儿种地，生产粮食，开展贸易。此前他已积累了丰富的经验，所以不久他便成了当地的首富。

范蠡每次达到人生顶点后，都会选择急流勇退，再重新创业。司马迁称赞他："此所谓富而好行其德者也。"他有乐善好施的美德，有强烈的社会责任感，也有充足的自信。

老子主张"知足不辱，知止不殆，可以长久"，范蠡用一生诠释了这句话。正是因为他知进知退，适可而止，保持进取的活力，所以他能够一次次达到人生顶峰，也正是因为他的美德，后人尊称他为"商圣"。

增量发现

量量：增老师，我发现知足不辱和富在知足、知足常乐、知止不殆的意思是相近的，知足是不是老子其中的一个主张呢？

增老师：是的，这一主张在很多章节中都有体现，老子借此反复告诫人们，不要和他人、命运、时局等一争高下。

量量：增老师，老子为什么一再强调知足的重要性呢？他要求我们这样做的原因是什么呢？

增老师：老子认为，所以知道满足就不会受到屈辱（"故知足不辱"），知道适可而止就不会招致危险（"知止不殆"），这样才可以保持长久（"可以长久"）。如果一个人毫无止境地贪求自己想得到的东西，有时可能会招来杀身之祸。

33

主题链接

张良知止不殆

秦末农民战争中，张良聚众起兵反秦，后归顺刘邦，成为刘邦的重要谋士之一。他曾劝刘邦在鸿门宴上卑辞言和，保存实力，并疏通项羽叔父项伯，使刘邦得以脱身。

张良向刘邦提出的"聚集三王，方可与霸王一战"的计策，成功帮助刘邦击败了楚汉战争中最强劲的对手——西楚霸王项羽。刘邦在安定天下之后大封功臣，以齐国三万户来封赏张良。张良深知"知止不殆"的道理，拒绝了这一封赏，仅请求封为留侯。刘邦赞扬张良："运筹帷幄之中，决胜千里以外，我不如张良。"张良说："我仅凭三寸不烂之舌，当上了您的军师，封了万户，位列诸侯，我已经知足了。"

足智多谋的张良为汉高祖刘邦建立西汉王朝立下了汗马功劳。成功之后，心知不可久处，于是抛弃相位，同赤松子云游四方。

积 累 与 运 用

一、根据意思填成语。

1. 知道满足就不会受到羞辱，知道适可而止就不会招致危险。多用于劝人不要贪得无厌。（　　　　　　　　　）

2. 用行动去实际地教育、感染和影响他人。（　　　　　　）

3. 积聚很多财物而不能周济别人，引起众人的怨恨，往往会招致重大损失。（　　　　　　）

4. 原想有所获益，结果反受损害，形容事与愿违。（　　　　　　）

二、想一想，选取本单元学过的一个成语填写在括号里。

1. 家长包揽所有家务，孩子连内衣、袜子都不用洗。家长希望孩子把所有时间都用来学习，考上好大学，没想到（　　　　　　），孩子缺乏基本的生活能力，无法独立生活，根本没法上大学。

2. 张良为刘邦建立西汉王朝立下了汗马功劳，可他深知（　　　　　　　　　　　）的道理，毅然放弃相位，云游四方。

3. 老师和家长行（　　　　　　）的力量比说教更能影响孩子。

4. 比尔·盖茨等富商深知（　　　　　　）的道理，所以把大量的钱财用于公益事业。

35

林语堂先生曾说：老子最邪恶的『老猾』哲学却产生了和平、宽容、简朴和知足的最高理想，这似乎是矛盾的现象。这种教训包括愚者的智慧，隐者的利益，柔弱者的力量和真正熟识世故者的简朴。中国和平主义的根源就是情愿忍受暂时的失败，相信在天地万物的体系中，在大自然依律而运行的情势之下，没有一个人能永远占着便宜，也没有一个人始终做『傻瓜』。

49 大直若屈 大巧若拙 大辩若讷
dà zhí ruò qū　dà qiǎo ruò zhuō　dà biàn ruò nè

成语溯源

> 大直（正直）若屈，大巧若拙（笨拙），大辩若讷（不善言辞，说话迟钝）。
>
> （选自《道德经》第四十五章）

成语释义

【大直若屈　大巧若拙　大辩若讷】最正直的人表面上好像很枉屈；最灵巧的人表面上好像很笨拙；最善辩的人表面上好像很不善言辞。它们都是说做人不能过于外露，而要注重含藏内敛。

增量阅读

从弱智儿到开国皇帝

高欢是南北朝时期东魏孝静帝的丞相。他一共有六个儿子。长子高澄聪明俊秀，高欢非常看重他，大臣们也都依附于他。在众多的儿子当中，只有次子高洋相貌丑陋，而且他表现木讷，不善言辞。所以高欢很不器重他，即使家里亲近之人都认为高洋不如高澄。

有一天，高欢想考察一下哪个儿子最聪明，就把六个儿子都叫到跟前。他对儿子们说："我这里有一大堆乱麻，现在给你们每人一把，你们各自整理一下，看谁理得最快最好。"比赛开始了，孩子们手忙脚乱，十分紧张。他们急急忙忙地把乱麻一根根抽出来，然后再一根根理齐。这种方法速度很慢，有的孩子一着急，还把麻结成了死疙瘩。二儿子高洋则与众不同。他找来一把快刀，把那些相互缠绕的乱麻狠狠地几刀斩断，然后再加以整理，很快就理好了。高欢见高洋这样做，很是惊奇，问道："你怎么想到用这个办法？"高洋答道："乱者须斩！"高欢听了十分高兴，认为这孩子思路开阔，将来必定大有作为。

可是自那之后，高洋似乎随着年龄增长，智商有逐年下降的趋势，越来越像一个弱智儿，流鼻涕也不知道擦拭，人也更加沉默寡言，就算在家里对着妻子，也整天不发一言。他对大哥高澄言听计从，既未顶撞过一句，亦未提过半点不同见解。他的兴趣全部集中在做一些小玩意上面。

一直到了十八岁，高洋依然一副每日鼻涕挂脸的白痴形象，高澄对他失去戒心，不再处处提防着他。

有一天，风云突变。高澄的俘虏、徐州刺史兰钦之子兰京袭击高澄，高澄重伤而亡，死在了邺城。乱起当天，听闻消息的高洋神色不乱，立刻率领一支人马火速杀向事发现场，以其少年时代就具备的"快刀斩乱麻"的做事方式，处死了杀害大哥的所有相关人员，并且封锁消息，对外只是宣布：家奴闹事，大将军（高澄）只受了点轻伤，谁都不用慌！

局势迅速稳定下来。接着，高洋立刻赶回高家老巢晋阳接管兵马大权。当高洋带着人马要求孝静帝效法尧舜，禅位于他的时候，那个常年脸上挂着鼻涕的弱智儿彻底消失了，取而代之的是一个面色冷峻、气宇轩昂的英武青年。

随高洋而来的，是八千名似乎早就受过严格训练、个个忠心耿耿的佩刀武士。其中随同高洋登上宫殿台阶的有两百多人，这些人捋起袖子，扣刀露刃，其势宛若面对强敌。

高洋登上帝位，反对的声音远远盖过赞成的声音，连高洋的母亲都厉声怒斥："你父亲如龙，你大哥如虎，他们都不敢篡（cuàn）位，你有什么能耐，敢冒此天下之大不韪（wěi）？"然而，帝王之位还是顺理成章地从傀儡（kuǐ lěi）皇帝那里"禅让"给了高洋。

从大哥之死到接管政权，再到逼傀儡皇帝让位，高洋用毫不拖泥带水的办事风格，仅花了短短八九个月的时间，开创了北齐王朝。转眼间，二十岁的高洋即由一个弱智儿变成了一个新王朝的开国皇帝。

增量发现

量量：增老师，我发现"大直若屈"和"大巧若拙""大辩若讷"道理相近，讲的都是处世智慧。

增老师：没错。老子说，最正直的人表面上好像很枉屈（"大直若屈"）；最灵巧的人表面上好像很笨拙（"大巧若拙"）；最善辩的人表面上好像很不善言辞（"大辩若讷"）。其实，这是老子对心目中最完美的人格的描绘，它不是外在的锋芒毕露，而是内在生命的含藏内敛。

量量：通过您的讲解，我发现这样的人有着坚韧不拔的性格，以及以奇制胜、以静制动、以暗处明的大智慧。老子对完美人格的界定体现了什么思想呢？

增老师：它体现了老子"守柔处弱"的思想。一个人如果有不为他人瞩目的外表，外界对他的期待值便会降低，但是在关键时刻，他们的表现却超出了外界对他的期待。大辩若讷的人在无备中表现出有备，因此它比积极、有备更具优势，更能保护自己。

主题链接

聪明的威廉

威廉出生在美国一个小镇上。镇上孩子不多，由于威廉平时沉默寡言，几乎没有小朋友愿意跟他一起玩。更糟糕的是，小镇上有人认为威廉不仅不会讲话，而且十分蠢笨。其中，怀特先生尤甚，他说威廉是天下第一大笨蛋。怀特为了证明自己的结论是正确的，决定做个实验给大家看。

这一天，怀特把威廉找来，他在台上放了两枚硬币——一枚五分，一枚一角，然后大方地对威廉说："你要哪一枚，随你挑，挑中了就送你。"围观的人都盯着威廉，看他怎样反应。这时，威廉毫不犹豫地拿了一枚五分硬币，说道："我要这枚。"威廉话音未落，人们哄笑起来。

"你们看到了吧，"怀特先生大声说，"一角不拿，拿五分，威廉脑子进水了，现在你们信了吧！"

"威廉脑子进水了！"小镇上一下子传开了。有人不信，也拿两枚硬币让威廉挑选，果然，威廉挑的仍是五分硬币，屡试不爽。

有一个老奶奶非常同情威廉，她对镇上的人把威廉当作取笑对象愤愤不平，于是偷偷地把威廉找来。

"小威廉，一角钱是五分钱的一倍，这么简单的算术你应该懂，为什么不拿多的呢？"老奶奶问道。

"我知道。"威廉笑着回答老奶奶，并拿下了搁板上装满五分硬币的储蓄罐给老奶奶看，"奶奶，如果我拿一角硬币，第一次确实拿得多，但再也不会有第二次了。"

老奶奶看着威廉的狡黠（xiá）眼神，又看看满满一罐硬币，发现这是一个聪明过人的孩子，将来一定会成就一番大事业。这个孩子就是美国第九任总统——威廉·亨利·哈里森。

zhī zú cháng lè
50 知足常乐

成语溯源

祸莫大于不知足；咎（jiù，罪过）莫大于欲得（贪得无厌）。故知足之足，常足矣。

（选自《道德经》第四十六章）

成语释义

【知足常乐】知道满足就会经常感到快乐。

增量阅读

颜回的快乐

颜回是孔子最欣赏的学生，也是最穷困的学生。

一天，孔子叫来颜回，问道："子渊，你又穷又没有地位，为什么不去做官呢？”在孔子的诸多弟子中，无论在人品道德上，还是在学问能力上，颜回都是第一流的，只要他乐意，进入官场并不困难，同学中许多不如他的人早就当上官了。

颜回答道：“我不愿意做官。我在城郭外有五十亩田地，收获的粮食足够我喝上稠米粥。在城郭内还有十亩地，产的桑麻完全可以供给（jǐ）衣服。平时弹琴自娱，从您那里学到的道理足可以使我自得其乐，所以我不想做官。”

孔子高兴地说：“你的想法太对了！我曾经听说，知足者不以追逐利益而烦恼，自得者不以个人损失而忧惧，有德者不以没有地位而惭愧。我诵读这些话已经很久了，今天在你身上得到了体现，这是我的一大收获呀。”

可见，知足是一种大快乐。

增量发现

量量：知足常乐这个成语是要告诫我们，在生活享受方面不要有过高的要求，否则会增加身心负担。

增老师：没错，这和“多藏厚亡”意思相近。祸患没有比不知满足更大的了（“祸莫大于不知足”）；罪过没有比贪得无厌更大的了（“咎莫大于欲得”）。所以懂得满足的这种满足，将是永远的满足（“故知足之足，常足矣”）。但当今社会，很多官员就是因为不明白这个道理而走上了犯罪的道路。

量量：增老师，您不是教导我们在学习和生活中，不应故步自封、满足现状吗？只有不断突破自我、力求上进，才能取得更大的进步，不是吗？

增老师：说得好！"孔子登东山而小鲁，登泰山而小天下。"如果你满足于登上东山，看到的将是有限的鲁地，怎能像登上泰山之巅那样把天下尽收眼底呢？历史上也有很多不知满足的人，比如韦编三绝的孔子、读书破万卷的杜甫，正是由于他们对知识的不知足，才为我们留下了宝贵的精神财富。所以，知足与不知足要看具体场合，不能一概而论。

主题链接

苏格拉底的快乐

古希腊哲学家苏格拉底还是单身的时候，和几个朋友一起住在一间只有七八平方米的房子里，但他总是乐呵呵的。

有人问他："和那么多人挤在一起，连转个身都困难，有什么可高兴的？"苏格拉底说："朋友们在一起，随时都可以交流思想，增进感情，难道不是值得高兴的事情吗？"

过了一段时间，朋友们都成了家，先后搬了出去。屋子里只剩下苏格拉底一个人，但他仍然很快乐。

那人又问："现在的你，一个人孤孤单单的，还有什么好高兴的？"苏格拉底又说："我有很多书啊，一本书就是一位老师，和这么多老师在一起，我时时刻刻都可以向他们请教，这怎么不令人高兴呢？"

几年后，苏格拉底也成了家，搬进了七层高的大楼里，但他的家在最底层，既不安静，也不安全，还不卫生。

那人见苏格拉底还是一副乐观豁达的样子，便问："你住这样的房子还快乐吗？"

苏格拉底说："你不知道一楼有多好啊！比如，进门就是家，搬东西方便，朋友来玩也方便，还可以在空地上养花种草，妙不可言！"

又过了一年，苏格拉底把底层的房子让给了一位朋友，因为这位朋友家里有一位偏瘫的老人，上下楼不方便，而他则搬到了楼房的最高层。苏格拉底每天依然快快乐乐。那人又问他："先生，住顶楼又有哪些好处呢？"

苏格拉底说："好处多着呢！比如说每天上下楼几次，这是很好的锻炼，有利于身体健康。光线好，看书写字不伤眼睛。没有人在楼上干扰，白天黑夜都非常安静。"

51　秀才不出门，全知天下事
xiù cai bù chū mén, quán zhī tiān xià shì

成语溯源

不出户（门），知天下；不窥牖（yǒu，窗户），见天道（泛指自然规律）。

（选自《道德经》第四十七章）

成语释义

【秀才不出门，全知天下事】旧时认为有才学的人即使待在家里，也能知道天下的事情。

隆中对

官渡大战以后，刘备逃到荆州，投奔刘表。刘表拨给他一些人马，让他驻在新野（今河南新野县）。

刘备是一个雄心勃勃的人，因为自己的抱负没能实现，心里总是闷闷不乐。他想寻找一个好助手。

徐庶是当地一位名士，因为听说刘备正在延请人才，特地来投奔他。刘备很高兴，便把徐庶留下当谋士。之后，徐庶又向刘备推荐诸葛亮，说他是人间卧龙。刘备大喜，便带着关羽、张飞一起到隆中去寻访诸葛亮。三顾茅庐后，诸葛亮终于被刘备的诚意感动了，在自己的茅屋里接待刘备，推心置腹地跟刘备谈自己的主张。他说："现在曹操已经战胜袁绍，拥有百万兵力，而且他又挟持天子以令诸侯。这就不能光凭武力和他一争胜负了。孙权占据江东一带，已历三代。江东地势险要，现在百姓归附他，还有一批有才能的人为他效力。因此，只能和他联合，不能打他的主意。"接着，诸葛亮分析了荆州和益州（今四川、云南和陕西、甘肃、湖北、贵州一带）的形势，认为荆州是军事要地，可是刘表是守不住这块地方的，益州土地肥沃广阔，向来被称为"天府之国"，可是那里的主人刘璋是个懦弱无能的人，大家都对他不满意。最后，他说："将军是皇室的后代，天下闻名，如果您能占领荆、益两州之地，对外联合孙权，对内整顿内政，一旦有机会，就可以从荆州、益州两路进军，攻击曹操。到那时，有谁不欢迎将军呢？到那时，功业就可以成就，汉室便可以恢复了。"

刘备听了诸葛亮这一番精辟透彻的分析，豁然开朗。他觉得诸葛亮虽然是隐士，但秀才不出门，全知天下事，诸葛亮对天下形势了如指掌,于是恳求诸葛亮出山,帮助他完成兴复汉室的大业。诸葛亮遂出山辅佐刘备。

后来,人们把这件事称作"三顾茅庐",把诸葛亮这番谈话称作"隆中对"。

增量发现

量量:增老师,我觉得"秀才不出门,全知天下事"这个成语用在今天最合适不过了。您看,网络信息如此发达,不出门的确可获取来自世界各地的最新信息。

增老师:是的,但是这个成语在古时候是强调人要多读书,才能掌握事态的变化和规律。

量量:我明白了,不出大门,能够推知天下事理("不出户,知天下");不望窗外,可以了解自然规律("不窥牖,见天道")。这句话运用了夸张的修辞手法强调读书的重要性。

增老师:这是人们间接获得知识的途径,但由于通过书本得来的间接经验是他人在实践中总结出来的,所以要真正理解它,并把它变成切实掌握的知识,就必须与实践紧密结合起来。进一步说,这句话还告诉我们实践是认识的唯一来源。

兄弟俩

古时候有一对兄弟聪明过人，老大外出经商，老二在家务农读书。

一次，老大经商路过一片小树林，见树上有个鸟窝，窝里有四个鸟蛋。这鸟蛋不仅漂亮，而且是四方形的，就高兴地把它们带回了家。

老二看到四方形的鸟蛋，连忙问哥哥："你把鸟窝带回来了吗？那棵树呢？"

老大摇摇头，说："只带回这四个鸟蛋。"

老二叹道："书上说：'苍郎、苍郎，生蛋四方。用檀香木垒巢，用灵芝草铺窝。'可惜你只要苍郎鸟蛋，如果把窝带回来，或者即使折一根树枝，也比这鸟蛋价值高。"

兄弟俩花了很长时间去找那个鸟窝，可没有找到。

自此，老大意识到读书求知的重要性，从而弃商读书，兄弟俩最后一起考上了举人。

这个故事的真假无从考证。但是，这个流传很广的故事，明白无误地告诉我们要好好读书，这样才能达到"秀才不出门，全知天下事"的境界。

52 损之又损

sǔn zhī yòu sǔn

成语溯源

为学（探求外界万事万物的知识活动）日益，为道（通过冥想或体验来领悟道）日损。损之又损，以至于无为，无为而无不为。

（选自《道德经》第四十八章）

成语释义

【损之又损】本义为不断减去华伪而归于纯朴无为。后指人要加强自我克制，保持谦虚、不骄不躁的态度。

增量阅读

公子牟"重伤"

魏国的公子牟，因为他的领地在河北中山国，所以大家都称他中山公子牟。公子牟虽然身为贵族，但他平时最为倾慕的是那种抛弃荣华富贵、漂泊江湖的生活。公子牟不仅仅是想想而已，他真的付诸了实践。

但是，在江湖中风餐露宿的日子久了，公子牟便有些耐不住寂寞了。日月推移，他渐渐心生悔意，怀恋起过往那软玉温香的生活。于是，带着满肚子的疑惑，他去请教魏国最为著名的高士詹先生。

入得门来，公子牟直接说出了心里的矛盾："尊敬的詹先生啊，我现在虽然漂泊在江湖之中，我的心却徘徊在宫阙之下，怀恋着过往那荣华富贵的生活。我该怎么办啊？"

詹先生说："这样的人，尘世中实在是太多了。你不妨从自身的性命出发，再回头看一看过往的名利与生活。人生在这个世界上，最宝贵的就是生命了，还有什么能和自己的生命相比呢？荣华而放纵的生活，虽然满足了你的口腹之欲，但无时无刻不在损耗着你的生命啊。"

公子牟说："道理我也晓得，可我就是把握不住自己。詹先生，我该怎么办才好？"

詹先生说："把握不住，必然放纵，控制不住胡思乱想，岂不徒劳精神，伤害你自己？把握不住，放纵自己，已经一度损伤自己的性命；还要强迫自己不要放纵，那就是二度伤害了，也就是古人所说的'重伤'。如此反复地折腾自己，生命得不到应有的保护，又怎么可能长寿呢？"

像公子牟这样的大国王孙，抛弃了与生俱来的荣华富贵，跑去隐居，浪迹江湖，栖身荒野，比起那些布衣草鞋穿惯了的寒士，当然困难得多。大道遥遥，对他说来，路还远着呢。但是，在一定程度上我们也得承认，他能如此去做，也的确体现了清高的志向，这也算是难能可贵了吧。

增量发现

量量：增老师，老子这句话是什么意思啊？请您为我解释一下吧！

增老师：求学一天比一天增加（知识）（"为学日益"），求道一天比一天减少（智巧）（"为道日损"）。减少又减少（"损之又损"），一直到"无为"的境地（"以至于无为"），如能无为，那就没有什么事是做不成的（"无为而无不为"）。

量量：这里的损之又损是说求道之人的私欲杂念越来越少了。可是，我们不是都强调求学吗？老子好像更倾向于求道，求学和求道有什么区别呢？

增老师：老子之所以强调求道，是因为很多求学的人追求的是"外在"的经验知识。他认为这种知识掌握得越多，私欲妄见越层出不穷。而求道之人通过对生活的直观体验，把握了事物发展的本真状态，内心回归虚静。他们不断祛除私欲妄见，日渐返璞归真，最终达到"无为"的境地。

主题链接

死于长生药的唐太宗

唐太宗十八岁起兵反隋，二十四岁定天下，二十七岁升天子，而立之年被北方诸民族誉为"天可汗"。然而，这位叱咤风云的帝王却因服用长生不老药，五十二岁便逝世了。

唐太宗三十岁之后疾病缠身，其中"气疾""风疾"反复发作，给他带来了莫大的痛苦。

尽管采取了各种治疗措施，也延请了许多名医治病，但始终未能彻底治愈，身体每况愈下。特别是公元645年东征高丽之后，还引发了毒疮，一度无法站立行走。无奈之下，他只能专心静养，朝廷大事交给太子处理。

随着健康状况越来越差，唐太宗自然开始留心有关医药、养生方面的知识。贞观十七年（公元643年），他竟然亲自前往当时年逾百岁的名医甄权家里，向他请教养生之道，并咨询某些药物的特性，其求生的迫切心情由此可见一斑。

除了求助医家之外，他更多地关注起神仙之术，并开始服用丹药。但是服食丹药并未奏效，唐太宗不但没有醒悟，反而认为本土的炼丹水平不够，他将希望寄托在了胡僧——来自古印度的那罗迩（ěr）娑（suō）婆寐身上。

该胡僧号称已经两百岁，深谙（ān）长生之术。唐太宗对此深信不疑，将其尊为上宾，给以丰厚的待遇。他请胡僧按照天竺国的秘方来配制长生药，甚至让堂堂兵部尚书协助此事，担任监工。至于胡僧配制药物所需的各类灵草秘石，更是举全国之力，不论多么珍奇贵重，都派人设法获取，可谓劳民伤财。

经过差不多一年的时间，在唐太宗的一再催促下，胡僧总算把"长生药"配制出来了。唐太宗迫不及待地按方服食，然而讽刺的是，他的病情不但没有好转，反而加重了，以致卧床不起，很快就一命呜呼！

积 累 与 运 用

一、根据意思填成语。

1. 最正直的人表面上好像很枉屈；最灵巧的人表面上好像很笨拙；最善辩的人表面上好像很不善言辞。（   ）（   ）
   （   ）

2. 知道满足就会经常感到快乐。（   ）

3. 旧时认为有才学的人即使待在家里，也能知道天下的事情。
   （   ）

4. 本义为不断减去华伪而归于纯朴无为。后指人要加强自我克制，保持谦虚、不骄不躁的态度。（   ）

二、想一想，选取本单元学过的一个成语填写在括号里。

1. 他表面上看起来好像很笨拙，可没想到这些问题都是他来解决的，他真是（   ）啊！

2. 求道要将欲望、情感等一点点减损掉，（   ），直至无为。

3. 网络时代的到来，使人们足不出户就能知晓天下大事，这正是（   ）的境界。

4. 她不懂（   ）的道理，对拥有的一切永远不知满足。

文学家季羡林曾说：『谈到举世闻名的《道德经》五千言，虽然到现在已经有了很多的注释，但没有人敢说他真能懂。无论谁读了这书，都觉得似乎懂了一点，但认真说起来，依然是仁者见仁，智者见智。老子仿佛是一面镜子，人们都喜欢来照一照。一照之下，在镜子里发现的不是老子的而是自己的影子。然而人们高兴了，觉得已经捉到了老子的真相，走开了。』

53

53 出生入死

chū shēng rù sǐ

成语溯源

出生入死。生之徒（属于长寿的。徒，类、属），十有三（十分之三）;死之徒（属于夭折的），十有三;人之生，动之于死地，亦十有三。

（选自《道德经》第五十章）

成语释义

【出生入死】原意是从出生到死去。后形容冒着生命危险，不顾个人安危。

增量阅读

林类与子贡的对话

林类将近一百岁时，到了春天还穿着粗皮衣，在田地里一边唱歌，一边拾取收割后遗留下来的谷穗。

孔子到卫国去，在田野上看见了林类，回头对学生说："那位老人是个值得对话的人，去向他请教吧。"

子贡请求前往。他从田埂上迎面走去，对着林类感叹道："先生这一生没有后悔过吗？您已入老境，还能边走边唱地拾谷穗。"

林类不停地往前走，照样唱歌不止。

子贡再三追问，他才仰着头答复："我后悔什么呢？"

子贡说："您年少时懒惰不努力，长大了又不争取时间，到老了还没有妻子儿女，有什么值得拾谷穗时边走边唱呢？"

林类笑着说："快乐的原因人人都有，但他们反而以此为忧。我年少时懒惰不努力，长大了又不争取时间，所以才能这样长寿。到老了还没有妻子儿女，现在又死到临头了，所以才能这样快乐。"

子贡问："长寿是人人希望的，死亡是人人厌恶的。您却把死亡当作快乐，为什么呢？"

林类说："死亡与出生，不过是一去一回。因此在这儿死去了，怎么知道不在另一个地方重生呢？由此，我怎么知道死与生不一样呢？我又怎么知道力求生存而忙忙碌碌不是头脑糊涂呢？这样看来，我即将到来的死亡不比过去活着更好些吗？"

子贡听了，不明白他的意思，回来告诉孔子。

孔子说："我知道他是值得对话的，果然如此。"

列子用林类的故事告诉人们，以求生为快乐，也许正是人们忧虑的根源；超越生与死来看待人生，也许才能像林类那样充满快乐。

人们恋生惧死是因为留恋这属于自己的唯一一次生命，而在林类看来，人人都会死，死后还会在别处重生，所以死亡没有什么可怕的。

 增量发现

量量：增老师，出生入死这个成语在今天多用来形容冒着生命危险，不顾个人安危。与它意思相近的成语有很多，如"奋不顾身""赴汤蹈火""舍生忘死"等。老子所说的"出生入死"也是这个意思吗？

增老师：不是的，"出生入死"在老子这里指的是从出生到死亡的自然过程。老子说，人出世为生，入地为死（"出生入死"）。属于长寿的，有十分之三（"生之徒，十有三"）；属于短命的，有十分之三（"死之徒，十有三"）；人过分奉养生命，因妄为而走向死路的，也有十分之三（"人之生，动之于死地，亦十有三"）。

量量：按照老子所言，有十分之三的人天生长寿，有十分之三的人天生短命，还有十分之三的人本来可以长寿，却因为过度养生而糟蹋了生命，那么剩下的十分之一又是怎样的呢？

增老师：剩下的十分之一的人善于保养身体，能做到少私寡欲，过着顺应自然、清静无为的生活，所以他们的生命不会受到威胁。

主题链接

"行人"与"归人"

子贡对学习有些厌倦了，就对孔子说："我好累啊！希望能休息一阵。"

孔子说："人生没有什么休息。"

子贡问："那么我什么时候才能有休息的时间啊？"

孔子回答："有休息的时候。你看那空旷的原野上有高起来的地方，好像是墓穴，又像是土丘，还像是底朝上的饭锅，这就是休息的时候了。"

子贡说："死亡真伟大啊！君子在那时休息了，小人在那时被埋葬了。"

孔子说："你现在已经明白了。人们都知道活着的快乐，却不知道活着的劳苦；都知道老年的疲惫，却不知道老年的安逸；都知道死亡的可恶，却不知道死亡是休息。晏子说过：'真好啊，自古以来就有死亡！仁慈的人在那时休息了，不仁的人在那时被埋葬了。'死亡是有德之人所求取的事情。古人把死人叫作'归人'。说死人是'归人'，那么活着的人就是'行人'了。一直在外面行走而不知道回家，那是抛弃了家庭的人。一个人抛弃了家庭，所有人都反对他；天下人都抛弃了家庭，却没有人知道反对。有人离开了家乡，抛弃了亲人，荒废了家业，到处游荡而不知道回家，这是怎样的人呢？世上的人一定会说他是放荡而疯狂的人。又有人专心致志于盛世之治，自以为聪明能干，于是博取功名，到处夸夸其谈而不知道停止，这又是怎样的人呢？世上的人一定会认为他是有智慧谋略的人。这两种人都是错误的，而世上的人却赞扬一个，反对一个。只有圣人才知道什么该赞扬，什么该反对。"

列子用"子贡倦于学"的故事告诉人们，生命是与辛劳相伴的，唯有死亡才是彻底的休息和解脱，才能使人回到安宁的状态之中。

54 为而不恃
wéi ér bú shì

成语溯源

生而不有，为而不恃，长而不宰，是谓玄德。

（选自《道德经》第五十一章）

成语释义

【为而不恃】有所施为，但不自认为有功。

增量阅读

严于律己的徐达

明王朝的建立，大将军徐达功不可没。"指挥皆上将，谈笑半儒生"的徐达，儿时曾与朱元璋一起放过牛。徐达戎马一生，有勇有谋，用兵持重，为明朝的创建和国家的统一立下了赫赫战功，是中国历史上著名的谋将帅才，深得朱元璋的宠爱。但是，这样一位战功赫赫的人，却从不居功自傲。

徐达每年春天挂帅出征，暮冬之际还朝。回来后他立即将帅印交还，回到家里过着极其俭朴的生活。按理说，他与朱元璋是儿时伙伴，且战功赫赫，朱元璋还将自己的次女许配给他，他完全可以"享清福"了。朱元璋也曾私下对他说："你建立了盖世奇功，却从未好好休息过，我把过去的旧宅邸（朱元璋当吴王时居住的府邸）赐给你，你好好享几年清福吧。"可徐达就是不肯接受。朱元璋万般无奈，只得请徐达到旧宅邸饮酒，将其灌醉，然后蒙上被子，亲自将他抬到床上睡下。徐达半夜酒醒，问周围的人自己住的是什么地方，内侍说："这是旧内。"徐达大吃一惊，连忙跳下床，俯在地上自呼死罪。朱元璋见他如此谦恭，心里十分高兴，命人在旧宅邸前修建一所宅第，门前立一石碑，并亲书"大功"二字。

徐达功高不骄，还体现在他好学不倦、严于律己上。放牛出身的徐达，少年无机会读书，但他十分好学，虚心求教，每次出征都携带大量书籍，一有时间便仔细研读，从而掌握了渊博的军事理论。因此每每临阵指挥，莫不料敌如神，进退有据，且每战必胜，令人心服。

身为统帅的徐达，还能时时与士兵同甘共苦。遇到军粮不济、士兵未饱时，他也不饮不食；扎营未定，他也不进帐休息；士卒伤残生病，他亲自慰问；士卒牺牲，他更是重视，筹棺木葬之。将士对他又感激又尊敬。

徐达虽贵为将军，但能严于律己、宽以待人，实属难能可贵。

 增量发现

量量：徐达虽然立下赫赫战功，但当朱元璋要赐他旧宅邸"享清福"时，他却推辞不受，仍然过着俭朴的生活。身为全军统帅，他仍能虚心向学，与士兵同甘共苦。他就是为而不恃、不居功自傲的代表。

 **增老师**：量量理解得真棒！老子说，生长万物而不据为己有（"生而不有"），抚育万物而不自恃有功（"为而不恃"），长养万物而不为主宰（"长而不宰"），这就是"玄德"（"是谓玄德"）。这段

话描绘了老子心目中理想的有为者形象：他们严于律己、遵道而行，懂得自然规律，心境静定，注重道德修养。

为而不恃　长而不宰
胡长明

1939年，曹天风在与周恩来交谈时说：道家思想对于革命、对于社会改造虽无用处，但对于个人修养却是有帮助的，能使自己过好"黄金关、权力关、美人关"。这时，周恩来反问道："道家最精彩的话是什么？"曹天风一时回答不上来，周恩来说："'生而不有，为而不恃，长而不宰'大概是道家最精彩的话了吧？""生而不有，为而不恃，长而不宰"语出《老子》第十章，这三句话被老子称为"玄德"，亦即道德的最高境界。其大意是，化育万物而不视为己有，有所作为而不居功自傲，引领群伦而不专横弄权。

"为而不恃，长而不宰，功成而弗居"，可说是周恩来毕生追求的理想的人格境界，它与共产党"全心全意为人民服务"的宗旨有内在的相通之处。周恩来重视群体义务的利他行为，绝少有什么功利色彩，而几乎是出于道德上的"绝对命令"。他像中国古代圣贤如大禹、墨子那样，皆是极俭以奉身而极勤以为民。

周恩来所索取的与他所奉献的相比反差巨大。他的一套睡衣是1950年和毛泽东出访苏联前夕买下的，颜色都褪光了，破了又补，直到他去世前还是穿的这套睡衣。他从不同意他人为自己做寿，更反对他人给自己送礼，凡是给他送去的礼物一律退回，实在不能退的则如数付款。

淡泊明志、制欲适情被历代中国儒士奉为修身之要则，认为"人只一个贪字，便销钢为柔，害智为昏，变恩为惨，染洁为污，坏了一生人品"，"塞得物欲之路，才堪辟道义之门；驰得尘俗之肩，方可挑圣贤之担"。朱子有"食色两关打不破，其人不足道也"的说法。作为共产主义者的周恩来深受这一民族文化传统的影响，他告诫中共干部要过"五关"，即思想关、政治关、社会关、亲属关和生活关。他语重心长地说："我们领导干部应该知足常乐，要觉得自己的物质待遇够了，甚至于过了，觉得少一点好，人家分给我们的多了就应该居之不安。要使艰苦朴素成为我们的美德。"讲到亲属关，周恩来告诫领导干部"不要造出一批少爷"，而是要依靠社会，让子弟在社会上去锻炼和改造。他援引历史经验说："秦始皇能够统一中国，可是他溺爱秦二世，结果秦王朝就亡在秦二世。我们决不能使自己的子弟成为国家和社会的包袱，阻碍我们的事业前进。"周恩来认为，大凡天底下有真本事的人，必都是有涵养、能虚心，认定一件事就拼命去做，不计利害。这种认识揭示了包括他在内所有伟人的共同品质。有大作为者必有大超脱，有真本事者必有大虚心。周恩来一生功勋盖世，但在荣誉和功名面前，却是宁揽过不居功，宁埋没不张扬。1961年他在上海同演员会面时，有人提议他把自己丰富多彩的一生写成一本书，他笑了笑说："如果我写书，就写我一生的错误。这可不是卢梭的《忏悔录》，而是让活着的人都能从过去的错误中吸取教训。"不难看出，周恩来在修身上有一种忧勤惕厉、严于律己的精神。

（摘自《大智周恩来》，中共党史出版社出版）

55 赤子之心
chì zǐ zhī xīn

成语溯源

含德之厚（深厚），比于赤子（初生的婴儿）。

（选自《道德经》第五十五章）

成语释义

【赤子之心】比喻人心地纯洁善良。

增量阅读

"天真"的金岳霖

金岳霖是我国著名的哲学家、逻辑学家。

金岳霖不似老学究一般严肃刻板，反而像小孩子一样率性天真，我行我素，因此闹了不少笑话。

有一天，梁思成看到金岳霖的厨师拿着一本活期存折外出采购，他上前一问，这存折上居然有5000多元存款。在20世纪60年代，5000多元可是一笔巨款。梁思成回去忙问金岳霖缘由，金岳霖回答："这样方便。"梁思成说："若不慎遗失，岂不是很冤枉？"金岳霖还是说："这样方便。"梁思成只好跟他建议："这样吧，存个死期，存个活期，两全其美，而且死期利率高于活期……"谁知金岳霖连连摆手："使不得的，本无奉献，那样岂不占了国家的便宜？"梁思成无可奈何，只得详细为他解释储蓄规则，金岳霖这才理解了，满脸笑容，对梁思成说："你真聪明。"

没想到，到了"改存"之日，金岳霖又打起了退堂鼓。原来他预备在自己死后留1000元钱给自己的厨师，他想："如果将剩余的钱都存了死期，万一某日我突然死了，钱不就取不出了？"梁思成哭笑不得，只好又将如何把1000元抽出为厨师另立户头之事细细为他讲解了一番。金岳霖听完之后恍然大悟，竖起大拇指对梁思成说："你真聪明。"据说，梁思成经常从金岳霖那儿得到这样的夸奖。

金岳霖晚年工资虽然高，但是每个月却很难有盈余，因为他的钱除去交生活费、交党费、寄回老家一些，还要付保姆、厨师和拉车师傅的工资。最令人惊异的是，金岳霖竟然连厨师和拉车师傅的退休金都预备下了，他认为自己给这两位师傅终身工资，既可以减轻国家的负担，又可以保障两位老人家晚年的生活。后来，这两位师傅果然领着金岳霖的钱直到去世。

这就是金岳霖，身为逻辑学大师，却总是干着不符合逻辑的事情。逻辑是最为理性的学科，金岳霖却像孩子一样天真，胸无城府，但他的"天真"让我们感动。

增量发现

量量：增老师，由赤子之心我想到了《三字经》中的一句话："人之初，性本善。"这里的善就是纯洁无瑕的心。它是一块莹白的玉，并不华美耀眼，却有一种清澈的魅力，这是为什么呢？

增老师：因为这样的人像初生的婴儿一样，拥有一颗纯真柔和的心，他们用毫不挑剔的眼光观察世界，不存在任何成见。

量量：增老师，什么人才能拥有赤子之心呢？我们要如何做才能达到这样的境界呢？

增老师：老子说，含德深厚的人（"含德之厚"），好比初生的婴儿（"比于赤子"）。也就是说，具有深厚的道德修养的人才拥有赤子之心，他们质朴、纯真、率直、善良、生命力旺盛。我们只有摆脱物欲的支配、涵养德行、回归本真，才能达到这样的境界。

主题链接

华人首富李嘉诚

李嘉诚连续多年被《福布斯》评为世界华人首富，曾有媒体评价他"赤手空拳，凭着一股干劲儿勤俭好学，创立出自己的商业王国"。而李嘉诚却认为："要想取得成功，首先要懂得做人的道理，因为世情才是大学问。世界上每个人都精明，要令人家信服并喜欢和你交往，那才是最重要的。"

这位爱国商人虽身在香港，但时时不忘祖国大陆的教育事业。

自 1980 年起，他就开始独资筹建汕（shàn）头大学，直到 1990 年 2 月才全面落成。汕头大学的建设历时 10 年，李嘉诚累计投资近 4 亿港元，为感念他对汕头大学做出的卓越贡献，校方向李嘉诚建议，为他树碑立传。

李嘉诚却说："我只求报效祖国，别无他求。"于是又有人建议："用您的名字命名学校大礼堂总该可以吧？"李嘉诚再次谢绝。大家都知道李嘉诚的父亲曾在潮州做了多年教员，一生钟爱教育事业，于是还有人提议："那么，用您父亲的名字命名如何？""如果我父亲还活着，他也不会同意这么做。我看，叫大礼堂就挺好啊。"李嘉诚说，"一个人死去之后，如果灵魂有知，那么儿孙们所做的一切，他都知道，就不需要什么命名；如果灵魂不知，儿孙们所做的一切，他都无法知道，即使用命名来告诉他，也毫无用处。"

于是，直到今天，汕头大学校内处处凝聚着李嘉诚心血的建筑物上，没有任何一处留下他的名字，但是李嘉诚对汕头大学的贡献却永远留在了人们的心里。

李嘉诚以一颗赤子之心，不求回报地投身于公益事业，他却很谦虚地说："希望能够多一些同道中人，他们的力量才是最大的，我自己毕竟是非常小的力量。"李嘉诚呼吁大家为推动社会进步，营造和谐社会而加入这项事业中来，至真至诚地表达出对全社会的关爱和责任。他的话语之中饱含着一位历经风雨的成功人士对人生、对社会的无限深情，也蕴含着对社会"关爱之心"的崇敬和礼赞，理牵情随，让人为之动容。

56　出奇制胜
chū qí zhì shèng

成语溯源

以正（无为、清静之道）治国，以奇（奇巧诡异，随机应变）用兵，以无事取天下（治理天下）。

（选自《道德经》第五十七章）

成语释义

【出奇制胜】在战争中用奇兵或奇计取得胜利。后泛指用别人意料不到的方法获得成功。

增量阅读

马隆平叛

西晋时期，凉州刺史杨欣为羌人所杀，致使河西地区与中原朝廷断绝联系。晋武帝司马炎常为西部边境安全忧虑，有一次临朝议政时叹息着说："谁能为我打开通往凉州之路，讨平羌敌呢？"

此时，唯有司马督马隆上前奏道："微臣愿为国效力。"

晋武帝说："爱卿能为寡人分忧，实在是太好了。只是不知爱卿将如何征讨？"

马隆回答："臣打算招募三千名勇士。陛下，您不要管他们从哪儿来，从前是干什么的，只管率领他们击鼓西行，靠您的威德，臣认为这股敌人不难消灭。"晋武帝答应了马隆的请求，并任命他为武威太守。公卿大臣们都认为不应当让马隆自设标准去招募军队，晋武帝没有理睬他们。

马隆受命后，立即招募勇士，其条件是：能靠腰部力量拉开三十六钧强弩，并且当场通过立靶测试。马隆通过标准考试，一共招了三千五百人。

马隆自信地说："足够用了。"招募之后，他又向晋武帝提出请求，让他亲自到武器库里去挑选兵器，并要求供应军队三年所需的物资和钱粮。

马隆亲自率领他所招募的勇士向西进发，渡过温水后，与敌相遇。敌军有一万人左右，他们凭借险要的地势，一方面安排部分兵士在前面进行阻击，另一方面又专门安排一支兵马在后面设下埋伏，企图断绝马隆军队的后路。在此情形下，马隆依据古法八阵图制作了偏厢车，在地势开阔的地方建造鹿角车营，在地势狭窄的地区就造木屋放在车上，一边战斗，一边前进，晋军箭矢所射之处，羌兵纷纷应弦而倒。晋军转战千里之遥，杀伤敌众数以千计。

马隆率兵抵达武威后，羌族部落首领猝跋（Cù bá）韩、且万能等人率众万余不战而降，马隆前后击杀和收降的羌兵达数万人。其后，马隆又率羌族归顺的部落首领没骨能等人，大战树机能，并将其斩杀，凉州叛乱完全平定。晋王朝通向河西的通道终于打开了。

马隆的奇策在于步兵、骑兵交战于平原旷野之上时，他非常有针对性地造出偏厢车和鹿角车组成方阵，凭借此方阵对敌作战，一能保持战斗力不衰，二能正面抗拒敌人，三能维系队形不乱，所以他办到了别人办不到的事，取得了巨大成功。

增量发现

量量：增老师，一听到这个成语，我马上联想到了《孙子兵法》。孙子说："三军之众，可使受敌而无败者，奇正是也。……凡战者，以正合，以奇胜。"他的思想是不是对老子"以奇用兵"的延伸呢？

增老师：量量，《道德经》不是兵书，但其中有关于军事方面的内容，老子主张以无为、清静之道治理国家（"以正治国"），以奇巧、诡秘的方法用兵（"以奇用兵"），以不搅扰人民来治理天下（"以无事取天下"）。战争是国家无法正常运转时不得已而采取的下下策，老子不得不提出自己的见解。当然，以奇用兵也可以用于商战上。

主题链接

戚继光练猴兵

闽东北傍海的山区，自古聚集着众多畲（Shē）族村寨，山中林木茂密，野果繁生，猕猴成群。因畲族人温良恭谦，从不伤害猴子，故山猴也不惧怕人，常向畲族人讨吃食。

传说明朝嘉靖年间，倭寇屡屡侵犯我闽浙沿海一带，畲、汉百姓深受其害。名将戚继光奉命引兵进驻闽东北沿海地区剿灭倭寇。一日深夜，戚继光正在帅帐内点着蜡烛读兵书，忽听帐外人声鼎沸，忙走出帐外查问，军校们怯怯地回话，说军中指挥作战的一面大皮鼓被偷走了。戚继光怒按剑柄，正欲将属下治罪。忽有隆隆鼓声传入耳际，借着月光，循声望去，依稀可辨不远处的山坡上，一只老猴王正有板有眼地擂着大皮鼓，而一群猴子、猴孙们则模仿着戚家军白天在野外演练排阵的架势。戚帅计上心头。

次日，将士们领命捕捉了许多山猴置于笼内，并安放在校场边，让猴子们天天观看将士们操练，同时给予猴子们优厚的待遇，每天投喂许多水果、苞米。戚帅又遣调驯猴人训练猴子发射火器。几个月后，一支令行禁止的猴军诞生了。

倭寇再次来犯，戚帅把军队埋伏于山林中，把火器分发给猴兵。正当倭寇在山谷中安营扎寨、埋锅造饭之时，军鼓响起，猴兵纷纷窜入敌营，放起火来，敌阵中火烧连营，倭寇纷纷抱头鼠窜。戚帅挥军掩杀，不足半个时辰，全歼倭寇。

积 累 与 运 用

一、根据意思填成语。

1. 有所施为，但不自认为有功。（　　　　　　）

2. 比喻人心地纯洁善良。（　　　　　）

3. 原意是从出生到死去。后形容冒着生命危险，不顾个人安危。
　　　　　　　　　　　　　　　　　（　　　　　　）

4. 在战争中用奇兵或奇计取得胜利。后泛指用别人意料不到的方法获得成功。（　　　　　　）

二、想一想，选取本单元学过的一个成语填写在括号里。

1. 孔明用兵如神，屡次运用（　　　　　　）的策略，达到以寡击众的战果。

2. 在战争年代，我们的士兵（　　　　　　），保卫国家和人民。

3. 老华侨把他的毕生积蓄捐献给祖国，充分体现了他身为炎黄子孙的一片（　　　　　　）。

4. 王进喜为祖国石油工业的发展立下了功勋，可他（　　　　　　），始终保持着普通劳动者的本色。

第十五单元

日本学者卢川芳郎曾说：《道德经》这本书洋洋五千言，是完全没有固有名词的，是用警句和格言来编辑的，但它采取了对偶和韵文的文体，而其内容表现则采取了巧妙表意的逆说法。《道德经》有一种魅力，它给在世俗世界压迫下疲惫的人们一种神奇的力量。

57 huò fú xiāng yǐ
祸 福 相 倚

成 语 溯 源

祸兮，福之所倚（倚靠）；福兮，祸之所伏（伏、藏伏）。

（选自《道德经》第五十八章）

成语释义

【祸福相倚】指福与祸相互依存，相互转化。

增量阅读

塞翁失马

战国时期，有一位名叫塞翁的老人。他养了许多马，一天，马群中忽然少了一匹马。邻居们听说后，都来安慰他不要着急，要他多注意身体。塞翁听了大家的劝慰后，笑着说："丢了一匹马关系不大，说不定还会给我带来运气呢。"

邻居们听了塞翁的话，都觉得好笑。马丢了，明明是件令人伤心的事，他却认为也许是好事，显然他只是自我安慰罢了。可是没过几天，走丢的马不仅回来了，还带回一匹骏马。

邻居听说塞翁的马自己回来了，都非常佩服塞翁的先见之明，他们说："还是您有远见，马不仅没有丢，还带回一匹好马，真是好福气呀。"

塞翁听了大家的称赞，一点也不高兴，他忧虑地说："我今天白白得了一匹好马，也不一定是什么好事，也许会惹出什么麻烦来。"邻居们以为他故作姿态，怕惹大家嫉妒，心里明明高兴，却故意不说出来。塞翁有个独生子，非常爱骑马。他发现带回来的那匹马身长蹄大，嘶鸣嘹亮，剽悍神骏，一看就知道是匹好马。他每天都骑马出游，洋洋得意。

一天，他高兴得有些过火，打马飞奔，一个趔趄（liè qie），从马背上跌下来，摔断了腿。邻居听说后，又纷纷来慰问。

塞翁说："没什么，腿摔断了却保住性命，或许是福气呢。"邻居们觉得他又在胡言乱语，他们想不出，摔断腿会带来什么福气。不久，北方少数民族大举入侵，青年被应征入伍，塞翁的儿子因为摔断了腿，不能去当兵。入伍的青年都战死了，唯有塞翁的儿子保全了性命。

增量发现

量量：增老师，老子这句话是什么意思呢？他想告诉我们什么道理呀？请您为我讲解一下吧！

增老师：这句话的意思是，灾祸啊，幸福倚傍在它里面（"祸兮，福之所倚"）；幸福啊，灾祸藏伏在它里面（"福兮，祸之所伏"）。老子告诫我们任何时候都要保持清醒和冷静的头脑，不能忘乎所以，自足自满，要做到居安思危，处变不惊，遇难不惧，闻过则喜。顺利时，要想到还会遇到困难，预先做好准备；不顺利的时候，要看到希望，克服困难去争取胜利。

文成公主入藏

唐朝建立后，天下安定，四海升平，边远地区的部落和民族全都臣服于唐朝的统治。贞观年间，唐朝周边许多部落和民族纷纷派出使者来到唐朝首都长安城，向唐朝请求永结亲好，也就是求娶唐朝皇室的女儿，与唐朝皇室结成亲戚。

当时西藏被称为吐蕃（bō），那儿的首领松赞干布派了一个叫禄东赞的使者，带着黄金五千两、珠宝数百匣（xiá）作为聘礼到了长安。禄东赞答出唐太宗的考题，顺利过关，唐太宗决定把文成公主嫁到吐蕃。

入藏途中，公主说："我在长安生活惯了，嫁到那么远的地方，要是想家了怎么办？"禄东赞告诉文成公主："吐蕃虽然离长安很远，但那儿的山川雄伟秀丽，百姓勤劳善良，如今又有英明的赞普，只差公主这样贤美的赞蒙去帮助他了。"

到了吐蕃后，文成公主协助松赞干布制定历法和法律，教吐蕃用天干地支法计算时日，规定"恶性十例""善行十六要"。除了教授整地、除草、挖沟、用水等农业技能外，文成公主还和侍女亲自教吐蕃人纺织和刺绣。在公主的鼓励和帮助下，大臣吞米桑布扎创造了吐蕃文字。后来，吞米桑布扎又把公主带去的各种汉文书籍译成吐蕃文字，加强了两个民族间的文化交流。

文成公主十七岁进藏，在西藏生活了四十年。藏历每年四月十五日，藏族人都要载歌载舞地举行庆祝活动，因为这一天是文成公主入藏的日子。

文成公主进藏，远嫁吐蕃，她远离亲人，失去了皇宫里欢乐、舒适的生活，却得到了西藏人民的爱戴和尊敬，也得到了坚贞纯洁而又伟大的爱情，更换得了汉藏两族人民世代和平友爱的情谊。

58 gēn shēn dì gù
根深蒂固

　　成语释义

　　【根深蒂固】比喻基础稳固，不可动摇。

　　增量阅读

孔子对礼乐文化的坚守

　　公元前551年，孔子出生在今天的山东曲阜。孔子三岁时，父亲忽然得了重病，孔母颜氏衣不解带地悉心照顾，哪知药石无灵。因此孔子三岁时，就成了无父的孩童。

　　孔子有位同父异母的哥哥，名叫孟皮，字伯尼。伯尼天生残疾，不良于行（腿脚不便利）。孔母颜氏幼秉庭训，贤良温厚，教以诗书，循循善诱，伯尼获益颇多，因此对颜氏的孝顺超过生母，和孔子非常友善。他们常常到宗庙看祭祀，可以说每逢祭祀必到。五六岁时，孔子就将祭礼看得非常熟透。

　　这天，街道上突然传来一阵鼓乐之声，很是热闹。正在院中玩耍的孔子觉得好奇，打开大门，站在台阶上朝远处张望。

　　一支郊祭的队伍从远方走来，浩浩荡荡，很是壮观。孔子跑回屋里说："母亲，我要去看。"颜氏说："正好你哥哥今天没有课，让他陪你去吧。"

来到祭坛，只见主祭官一个程序一个程序地唱："上香……献爵……奠酒……行礼……读祝……燔（fán）柴……"

颜氏没想到，这次观看郊祭会对孔子产生这么大的影响，孔子经常把家里的盆盆罐罐收集起来，学着主祭人的模样逐节戏演。颜氏觉得好笑，说："你一个小孩子怎么可能会做？""我正在学习呢！"孔子争辩道。

颜氏突然觉得儿子长大了，就问他是否想读书，孔子连连点头。他天资聪颖，母亲不但教他功课，同时也教他学习礼节和仪式。在孔母的苦心栽培和细心教育下，不到十岁的小孔丘，已经学完全部启蒙功课，成为同窗中的佼佼者。孔子十岁那年，母亲送他到城内最好的学堂，学习诗歌、典籍、历史等功课。在鲁国浓郁的礼乐文化氛围中，孔子慢慢长大，大概在二十六七岁时当了一个小官，把当地治理得井井有条，孔子因此名声大振。许多人愿意把孩子送给他当门徒。

后来，孔子和老子相遇，他向老子请教了许多关于礼教的问题。从那以后，他一边从教，一边周游列国，长达十四年奔走在宣扬礼乐之治的道路上。对孔子来讲，遵守、提倡礼乐文化，不仅仅是为了保存这些细碎的礼仪细节，更为了其背后重要的意义——上下有序、社会安宁。

孔子回到鲁国后，被尊为"国老"。出于对民族文化的真挚热爱和承前启后的强烈责任感，孔子把晚年的主要精力用于古代文献整理和教学育人上。他把祖国的文化系统地加以整理、继承，使文教大宣于世，奠定了代代相传的中华道统的基石。教化之功，横贯古今。

增量发现

量量：增老师，根深蒂固这个成语在今天常指某些陋习或落后观念基础稳固，不易动摇。在《道德经》中，这个成语是什么意思呢？

增老师：老子说，掌握了治理国家的根本之道（"有国之母"），（国家）就可以长久维持（"可以长久"）。这便是根深蒂固、长生久视的道理（"是谓深根固柢，长生久视之道"）。所以，根深蒂固在此处是针对治国而言的。在今天，根深蒂固其实也有积极意义。比如贤能之士道德高尚，他们的真善美深植于他们的内心，不易动摇，他们将自己的德行与大道融合，成就更多利国利民的事业。

量量：这样的道德修养需要我们在平时的学习与生活中不断修炼。习惯决定命运，一个良好的行为习惯根深蒂固，就能引导一个人不断走向成功。我们要从现在做起，不断完善自我。

主题链接

每桶四元

美国标准石油公司里，有一位小职员名叫阿基勃特。他远行住旅馆的时候，总是在自己的签名下方写上"标准石油每桶四元"的字样。书信及收据上也不例外，签了名，就一定写上那几个字。因此，他被同事叫作"每桶四元"，他的真名倒没有人叫了。公司董事长洛克菲勒知道这件事后，惊讶地说："竟有职员如此努力地宣扬公司的声誉，我要见见他。"于是，他邀请阿基勃特共进晚餐。后来，洛克菲勒卸任，阿基勃特成了第二任董事长。

这实在是一件人人都可以做到的事，可在偌大的公司里，只有阿基勃特一个人愉快地坚持去做了。嘲笑他的人中，肯定有不少才华、能力在他之上的人，可是最后他成了董事长。

成功是一种根深蒂固的习惯，并不是非得干一件惊天动地的大事才能获得成功。从小事做起，而且坚定不移，乐此不疲，直到让做好小事成为你良好的习惯，你便具备了成功者的品质。

"路遥知马力，日久见人心"，磨刀不误砍柴工，有时候，一个小小的好习惯便能够成就人，而一个小小的恶习足以让人坠入深渊。

59　长 生 久 视
cháng shēng jiǔ shì

成 语 溯 源

有国之母，可以长久。是谓深根固柢，长生久视之道。

（选自《道德经》第五十九章）

成语释义

【长生久视】长久维持，长久存在。后用来形容人生命长久。

周朝享国八百年

周朝绵延八百六十七年，成为我国历史上存续最久的王朝，原因何在？奥妙便在于孝和悌上。

在周朝，孝悌的概念就有了相当扎实的基础。周武王的父亲是周文王，周文王的父亲是王季。周文王对他的父亲非常孝顺，确实做到了"晨则省，昏则定"。每天早上、中午和晚上，他都要去问候他的父亲，看看父亲睡得好不好、吃得好不好。假如父亲的胃口不太好，他知道之后就会很着急。等父亲的身体有所好转，吃得比较正常时，他才放下心来。

由于周文王做出这样的榜样，所以周武王对周文王也非常孝顺。有一次周文王生病了，周武王服侍在侧十二天，没有宽衣解带，帽子都没有摘下来。由于照料得当，周文王的病很快就好转了，所谓"至诚感通"。所以，周朝一直以"孝"治天下。

此外，周朝还以"悌"治天下。周文王的父亲是王季，王季有两位兄长，一位是泰伯，一位是仲雍。他们三兄弟都是太王（周文王的爷爷）所生。周文王出生的时候，太王非常欢喜，觉得这个孙子有圣主之相。而文王的大伯、二伯（即泰伯和仲雍）看到父亲如此疼爱孙子，就相约以父亲生病的名义上山采药。他们一上山就再也没有回来，把天下让给了他的弟弟王季，进而传位给周文王。泰伯和仲雍尽到了孝心，因为他们要让父亲无所顾忌，不希望父亲因为他们两兄弟而不传位给他们的弟弟王季。这一让成全了父亲的心意，这一让也成全了兄弟的情义。连天下都可以让，还有什么事可以令兄弟不和？所以，让出了孝，让出了悌，还让出了忠——忠于天下百姓。

自此上行下效，周朝百姓以这些圣贤为榜样，事事礼让，造就了国家非常良好的风气，所以周朝国运强盛，久久不衰，绵延八百多年。

增量发现

量量：周朝秉持孝悌之道，上行下效，形成了良好的风气，所以绵延八百余年，可谓国祚（zuò）绵长。所以，孝悌之道便是周朝长生久视的秘诀。

增老师：说得好！老子认为，掌握了治理国家的根本之道（"有国之母"），（国家）就可以长久维持（"可以长久"）。这便是根深蒂固、长生久视的道理（"是谓深根固柢，长生久视之道"）。

量量：我查阅过资料，发现长生久视还可以用来形容人生命长久，彭祖被称为长寿始祖，我们可以说他就是长生久视的人吧？另外，长生久视是不是还可以用来形容人精神不衰呢？

增老师：没错，其实长生久视既是现实生命的长久，也是精神的永恒。这种永恒要以德为载体，方可流芳百世。

散尽千金济众生

邵逸夫在家中离世，享年107岁，这是个大消息，各大小媒体纷纷报道，其中有些许差别，有的称他为爵士，有的说他是电影大亨，更多的是强调他的慈善家身份。

央视的报道是："邵逸夫，散尽千金济众生。"《浙江日报》的报道标题为"邵逸夫20年向内地捐赠34亿港元，逸夫楼遍布全国"。事实上，邵逸夫慈善为怀，历年捐助社会公益、慈善事务超过100亿港元，单是全国的逸夫楼就有近3万座。

凤凰卫视无疑对此更为看重，评价道：内地逸夫楼无处不在，邵爵爷功德无量。北京卫视报道称，邵逸夫的百年传奇比港剧更精彩、更传奇，还对他冠以"百年树人邵逸夫"的评价。以邵逸夫对教育的贡献来看，这个评价倒也恰如其分。

当然，邵逸夫的百亿身家也成了众人关注的话题。此前，很多名人去世之后，后人为争夺财产都打得不可开交，远的有龚如心，近的有侯耀文。邵逸夫为避免这一点，早已立下遗嘱，捐的捐了，分的分了，清清楚楚。

腾讯网在报道中写下这样一句话，非常动情，"或许数百年后，今日陷于争产的富豪都已湮没无闻，但邵逸夫的慈善事业仍为人所熟悉"。这么说来，邵逸夫又岂止107岁呢？正如此前上海电影译制片厂李梓去世，人虽西去，艺术不朽；今天，邵逸夫西去，他的慈善精神也能够长生久视。

60 若烹小鲜
ruò pēng xiǎo xiān

成 语 溯 源

治大国若烹小鲜（小鱼）。以道莅（lì，临）天下，其鬼不神（发挥作用）。

（选自《道德经》第六十章）

成语释义

【若烹小鲜】治理国家应当像煮小鱼一样顺其自然，无为而治。

增量阅读

楚汉争霸

楚汉之争就是继中国秦末农民大起义之后，项羽和刘邦之间为争夺统治权力而进行的战争，自公元前206年至公元前202年，历时五年。

在秦末农民大起义过程中，陈胜牺牲后，项羽集团和刘邦集团成为反秦武装的两支主力。大败秦军后刘邦、项羽相继率兵入关推翻秦王朝。按照楚怀王原来"先入定关中者王之"的约定，刘邦先入咸阳理应为王。但项羽战功显赫，他自立为西楚霸王，以刘邦为汉王，并以十八诸侯王分封天下。项羽、刘邦各自发展自己的力量，于公元前206年八月爆发了楚汉战争。

项羽分封诸侯后回归楚都彭城。不久，齐、赵和彭越起兵反楚，对西楚构成直接威胁，项羽不得不调遣主力击齐以稳定局势。

刘邦乘机率诸侯联军共五十六万人进攻彭城，项羽得知消息后亲自率精兵三万人回师彭城。在楚军突然袭击下，汉军五十六万人一败涂地，刘邦与数十骑（jì）突围。

彭城之战后，楚汉双方便进入了长达两年零四个月的相持阶段。公元前205年八月至公元前204年十月，韩信接连平定魏、代、赵、燕，矛头直指齐地，逐渐形成包围西楚的态势。公元前203年八月，项羽向刘邦提出议和，楚汉约定以鸿沟为界，鸿沟以西为汉，以东为楚。九月，项羽率兵东归，而刘邦却背约攻楚。公元前202年十二月，项羽被围困于垓下，汉军四面唱起楚歌，楚军毫无斗志，项羽率少数骑兵突围至乌江，后自刎而死。楚汉战争最后以刘邦夺取天下、建立西汉王朝告终。

刘邦面对任何事情只会说："为之奈何？（怎么办呢？）"但他为什么能成为皇帝呢？三国时期的学者刘邵在《人物志》中谈到"人之才"这个论题。他说刘邦治军不如韩信、项羽，谋略不及张良、萧何，但他能容人、知人、用人，故为通才也！他最后又打了个比方。说天下就像一锅菜，偏才是调味料，即酸、辣、咸、甜等，而通才便是一瓢水。韩信是辣味、张良是咸味，而刘邦就是那一瓢水，咸了我加水，辣了我也加水。这可以说是帝王的平衡天下之术！

增量发现

量量："烹小鲜"的意思我大概知道，就是小鱼很鲜嫩，在锅里频频搅动，鱼肉就碎了，但是这怎么能和治理大国联系起来呢？

增老师：问得好。治理大国，好像煮小鱼（"治大国若烹小鲜"）。用道治理天下（"以道莅天下"），鬼神起不了作用（"其鬼不神"）。也就是说，为政者治理国家时应当做到清静无为，不扰民害民。这就像煮鱼一样，不要过多施为（搅动）。

量量：我明白了。就像刘邦那样知人善任，用人不疑，充分发挥部下的才能，他自己只要做好居中调节的角色便可以了。

主题链接

子产不毁乡校

郑国人到乡校休闲聚会，议论掌握政权的人施政措施的好坏。

郑国大夫然明对子产说："把乡校毁了，怎么样？"

子产说："干什么？人们早晚干完活，回到这里聚一下，议论一下施政措施的好坏。他们喜欢的，我们就推行；他们讨厌的，我们就改正。这是我们的老师，为什么要毁掉它呢？我听说尽力做好事可以减少怨恨，没听说过依权仗势能堵住怨恨。难道能很快地制止（这些怨恨）吗？就像堵大川一样：河水大决口所造成的灾害，伤害的人必然很多，我是挽救不了的；不如开个小口让（河水）通畅，不如听取（这些议论）并且把它当作良药。"

然明说："我现在才知道您确实可以成大事，小人确实没有才能。如果真的这样做，恐怕郑国真的有了依靠，岂止是有利于我们这些臣子！"

孔子听到这番话后说："照这些话看来，人们说子产不行仁政，我是不相信的。"

积 累 与 运 用

一、根据意思填成语。

1. 长久维持，长久存在。后用来形容人生命长久。（　　　　　　）

2. 比喻基础稳固，不可动摇。（　　　　　　）

3. 治理国家应当像煮小鱼一样顺其自然，无为而治。（　　　　　　）

4. 福与祸相互依存，相互转化。（　　　　　　）

二、想一想，选取本单元学过的一个成语填写在括号里。

1. 对孩子的要求提得太多，会阻碍他们自主发展，治大国尚且（　　　　　　），何况对孩子呢？顺其自然、稍加引导才是正道。

2. 彭祖深谙（　　　　　　）之道，成为我国的长寿始祖。

3. 想要建造一个现代化的社会，就要破除那些（　　　　　　）的错误观念。

4. 买彩票挣一大笔钱未必是好事，（　　　　　　）的道理古今皆通。

美国学者威尔·杜兰在《世界文明史》中说：『老子是孔子前最伟大的哲学家……《道德经》出自何人的手笔，倒是次要的问题，最重要的乃是它所蕴涵的思想，在思想史中，它的确可称得上是最迷人的一部奇书。……或许，除了《道德经》外，我们将要焚毁所有的书籍，而在《道德经》中寻得智慧的摘要。』

89

61 gè dé qí suǒ 各得其所

成语溯源

　　大邦不过欲兼畜人（把人聚在一起加以养护，此处指聚养小国），小邦不过欲入事人（侍奉别人，此处指小国侍奉大国以求得庇佑）。夫两者各得所欲，大者宜为下（谦下）。

（选自《道德经》第六十一章）

成语释义

　　【各得其所】指各自得到所需要的东西。后指每个人或事物都得到适当的安置。

增量阅读

以死报国的文天祥

　　文天祥是中国历史上最伟大的民族英雄之一。他在起兵勤王、兵败被俘后，坚决不肯投降，并写下了千古名句——"人生自古谁无死，留取丹心照汗青"，以表明自己坚持民族气节、至死不变的决心，最终舍生取义。

　　然而，文天祥的两个弟弟却走上了不同的人生道路，二弟文璧投降元朝，三弟文璋退隐不仕（不做官）。文璧自述投降的理由是：其一，不绝宗祀，哥哥文天祥的两个儿子一个早死，一个于战乱中失散，他把自己的一个儿子过继给了文天祥；其二，母亲客死异乡，一直没有安葬，需要举灵柩归乡；其三，不同于元军刚侵略南宋时的投降派，他投降元朝时，南宋实际上已经灭亡，抗争的结果只能是全城百姓跟着倒霉。

这样的"托词"当然无法让道德审判者满意，可文天祥选择理解。他不是为了清誉牺牲一切的道德狂，他自己尽忠殉国，却不要求弟弟们跟他一样。对于文璧，文天祥并没有责之以大义，而是告诉他，要他好好生活，承担起照料族人的责任，继承文家的血脉。对于文璋，文天祥只是写信劝勉他不要做官而已。于是，文璋采取"非暴力不合作"的态度，终生不当元朝的官，得享天年。国难之下，文天祥三兄弟或殉国，或投降，或归隐，做出了迥然不同的人生选择。

这或许更能反映出人性的复杂和真实，而文天祥的宽容体谅更让我们在他高高在上的道德圣像之外，看到了一颗有情有欲的柔软的英雄心。多少年来，文天祥的爱国精神代代相传，已经成为中华民族共同的精神财富。

增量发现

量量：增老师，各得其所在《道德经》中如何解释呢？老子想告诉我们什么道理呢？请您为我解答一下吧！

增老师：老子用各得其所告诉我们，大国不过要聚养小国（"大邦不过欲兼畜人"），小国不过要顺从大国以求得庇佑（"小邦不过欲入事人"）。大国小国都可以达成愿望（"夫两者各得所欲"），大国尤其应该谦下忍让（"大者宜为下"）。只有这样才能相互依靠，各有所得。

量量：原来老子用它来讲治国之道。那对于我们个人来说，各得其所又有什么启示呢？

增老师：大国就像现在高大威猛、孔武有力、富有强势的人。而小国就像现在贫穷困苦、悲观丧气的人。强势之人如果以欺负弱小为乐，就会被诸多弱小联合起来打倒。强势之人要拥有大海一样的胸怀，扶弱助微，对他们谦恭礼让，这样就能得到他们的支持和拥护。正所谓水可载舟，亦可覆舟，治国和做人都要谨记这个道理。

主题链接

各得其所（节选）

安徒生

这是100多年以前的事情！

在树林后面的一个大湖旁边，有一座古老的公馆。它的周围有一道很深的壕（háo）沟，里面长着许多芦苇和草。在通向入口的那座桥边，长着一棵古老的柳树，它的枝条垂向这些芦苇。

从空巷里传来一阵号角声和马蹄声。一个牧鹅姑娘趁猎人没有奔驰过来，就赶快把鹅从桥边赶走。猎人飞快地跑过来了，她只好急忙爬到桥头的一块石头上，免得被踩倒。当那位老爷飞驰过去的时候，他恶作剧地用鞭子的把手朝这女孩子的胸脯一推，弄得她滚了下去。"各得其所！"他大声说，"请你滚到泥巴里去吧！"他和他的随从恣（zì）意大笑起来，嚣张极了。

这个可怜的牧鹅姑娘滚下去的时候伸手乱抓，结果抓住了柳树的一根垂枝，悬在泥沼（zhǎo）上面。她想爬上来，但是柳枝忽然断了，幸好一个流浪的小贩及时抓住了她。"各得其所！"他模拟那位老爷的口吻开着玩笑，然后把牧鹅姑娘拉了上来，并顺手将柳枝插到柔软的土里。

柳枝顽强地生长着，但公馆里发生了翻天覆地的变化。六个年头还没有过完，那个嚣张的老爷变得一贫如洗，被赶出了公馆。公馆被那个流浪的小贩买去了，诚实和勤俭带来兴盛，现在这个小贩成了司法官，也是这座公馆的新主人。这位新主人娶了一位太太——那个牧鹅的女郎。

100年过去了，那座老宅邸不见了，当年的柳枝已长成一株壮丽的老垂柳。在树林附近的一个风景优美的小山上，有一座新房子，既宽大又华丽，这儿住的是小贩和牧鹅女郎的贵族后代——男爵。这里的格言是："各得其所！"因此，从前在那座老房子里光荣、排场地挂着的一些画，现在统统都在通向仆人宿舍的走廊上挂着，它们现在成了废物——特别是小贩和牧鹅女郎的老画像。正如人们所说的，它们"各得其所"！

牧师的儿子是这个公馆里的家庭教师。有一天他和小男爵们以及他们的姐姐到外面散步，他们在老柳树旁边停下来。最小的那位男爵希望拥有一管笛子，牧师的儿子便折下一根柳枝做成了笛子。

这一天，公馆里来了一大批客人。小男爵把柳枝笛子交给牧师的儿子，让他用这乐器为大家独奏。他知道小男爵故意奚（xī）落他，可他无可奈何，拿起笛子凑到嘴上。

这真是一管奇妙的笛子！它发出一个怪声音，比蒸汽机发出的汽笛声还要粗。随着这个音调，吹来了一阵狂风，它呼啸着说："各得其所！"于是小男爵的爸爸被吹到牧师的房间里去了，而牧师被吹到侍从中去了，小男爵则倒栽葱地飞进一个鸡窝里去了，但他不是孤独地一个人在那儿。但是在大厅里，年轻的女男爵飞到了桌子的首席上，牧师的儿子坐在她的旁边，只有一位老伯爵仍然坐在他尊贵的位子上没有动。

这是一管危险的笛子！幸运的是，它在发出第一个调子后就裂开了，然后被放进衣袋里去了。那个小贩和牧鹅女郎的画像被吹到大客厅里来了，现在它们挂在它们应该挂的地方。每件东西都回到它原来的位置上，一切各得其所。

62 美行加人
měi xíng jiā rén

成语溯源

美言可以市（交易行为），尊行可以加人（对人施加影响）。

（选自《道德经》第六十二章）

成语释义

【美行加人】美好的行为可以让人重视。

增量阅读

魏文侯礼贤下士

魏文侯，安邑（今山西夏县）人，战国时期魏国开国君主，魏国百年霸业的开创者。魏文侯礼贤下士、用人唯贤，战国时期的招贤养士之风，可以说是由魏文侯开创的。

当时，魏国有一个叫段干木的人，德才兼备，名望很高。他辞退官职隐居在家，不肯再出来做官。魏文侯早就听说段干木的贤明，一直很想向他请教治国良策。

有一次，魏文侯乘车亲自到段干木家拜访。段干木听到魏文侯车马响动，连忙翻墙跑了。魏文侯吃了闭门羹，只得怏（yàng）怏而回。之后，魏文侯每次上门拜访，段干木都不肯相见。但是，段干木越是这样，魏文侯对他越是仰慕，每次乘车路过他家门口，魏文侯都要从座位上站起来，扶着马车的栏杆伫立仰望，以示敬意。

魏文侯的仆从对此都有意见，他们愤愤不平地说："段干木也太不识抬举了，您三番两次拜访他，他都避而不见，您还理他做什么呢？"魏文侯摇摇头说："段干木不追求权势名利，胸怀君子之道，却隐居在这鄙陋的巷子里。他的名声传遍天下，我怎能不对他心怀敬意呢？段干木因拥有高尚德行而扬名，我却靠君王的权势而荣耀；段干木富于正义，我却富于财物。但地位权势比不上高尚德行，财物也比不上正义，现在让段干木拿德行道义来换我的权势财物，他自然不愿意了。我每次闷闷不乐地对着自己的影子忧思惭愧，你们怎么能轻视他呢？"

后来，魏文侯干脆放下国君的架子，不乘车马，不带仆从，徒步跑到段干木家里。这一次，他终于如愿以偿。他恭恭敬敬地向段干木求教，段干木被他的诚意所感动，替他出了不少好主意。随后，魏文侯请段干木做相国，段干木坚辞不受。魏文侯便拜他为师，经常拜望他，听取他对一些重大问题的意见。

魏文侯礼贤下士、器重人才的事情很快就传开了，一些博学多能的人，如政治家翟（Zhái）璜、李悝（kuī），军事家吴起、乐羊等，先后投奔魏文侯，助他治理国家，终于使魏国成为最强大的诸侯国之一。

增量发现

量量：老子说，嘉美的言辞可以用作社交（"美言可以市"），可贵的行为可以被人重视（"尊行可以加人"）。那么，魏文侯的做法是不是可以称作美行呢？

增老师：当然。正是他的真诚感动了段干木，所以魏国才获得了一个治国的好帮手。我们发散下思维，可以联想到刘备三顾茅庐的故事，他礼贤下士、尊重人才的行为也令人佩服。

量量：这一思想对我们具有很大的启发意义。一个人高贵与否，不在于他是否拥有财富与权势地位，而在于他是否具备谦和的道德品质，对周围的人是否能做到一视同仁。

主题链接

海瑞的故事

公元 1514 年，海瑞出生于海南琼（Qióng）山一个贫穷的家庭。他三岁便失去父亲，母亲重视教育，对他要求十分严格，所以海瑞从小便养成了正统、刚直的性格。

海瑞任浙江淳安县知县时，有一次，都御史鄢懋（Yān Mào）卿下基层视察。为了沽名钓誉，他临行前发出通令，称自己"素性简朴，不喜承迎。凡饮食供帐俱宜简朴为尚，毋（wú）得过为华奢，靡费里甲"。这样的官样文章，各地官员早已司空见惯，他们巴结奉承都来不及，哪敢有丝毫怠慢。鄢御史的大队车马所到之处，无不呈风卷残云之势。

可是，鄢御史万万没想到，海瑞对这一通令竟然毫不含糊。他写了一封禀帖，派人快马送给鄢御史。禀帖上说："我接到您发来的通令，得知您即将巡视我县。您在通令中再三强调，各地接待一切从简，不可铺张浪费，浪费国家钱财。可是我听人说您所到之地，'各处皆有酒席，每席费银三四百两。金花金段，一道汤一进'。是不是各县官员误解了您的意思，把您的要求当成虚文了呢？"一席话像打了鄢御史一记火辣辣的耳光，他不得不对传言解释一番，又表扬了海瑞几句，后来干脆借口公干，绕道而行。

海瑞刚直不阿的性格在上疏骂皇帝一事中得到了很好的体现。嘉靖皇帝自中年以后大修土木，劳民伤财，刚愎自用，亲近小人，以致国事日非，民不聊生。公元1565年，海瑞为维护明王朝的长治久安，犯颜直谏，上疏严厉抨击嘉靖皇帝，震动朝野。海瑞自知此举必触怒皇帝，于是买好棺材，告别妻儿，遣散家仆，做好了必死的准备。果然不出海瑞所料，嘉靖皇帝大为震怒，欲下令将海瑞关进大牢。宦官黄锦告知皇帝，海瑞已安排好后事，等候处置。皇帝若有所动，再次将奏疏看了一遍，只将海瑞留在宫中数月。第二年，皇帝余怒未消，还是下旨逮捕海瑞，杖责六十，投入狱中。同年十二月，嘉靖皇帝病逝，明穆宗朱载垕（hòu）即位，他颁布遗照，大赦天下，海瑞终幸免于难。

海瑞一生严于律己，不畏权势，敢于为民请命，积极革弊兴利，他的言行赢得了百姓的尊敬，人称"海青天"。

63 以德报怨
yǐ dé bào yuàn

成语溯源

大小多少，报怨以德。

（选自《道德经》第六十三章）

成语释义

【以德报怨】不记别人的怨仇，而以恩德相报。

增量阅读

将相和

廉颇和蔺相如是战国末期赵国的肱股（gōng gǔ）之臣，他们二人化敌为友的故事一直为后人传颂。

廉颇是赵国的优秀将领。公元前283年，他率领赵军征讨齐国，大获全胜。经此一役，他官拜上卿，从此以英勇善战闻名于各诸侯国。

蔺相如本是赵国的宦官首领缪（Miào）贤的门客，他以超人的勇气和智慧，令赵国的镇国之宝和氏璧在秦王眼皮底下遛了一圈，又完整地回到了赵国，赵王大喜，封蔺相如为上大夫。此后，在秦赵两国的渑（Miǎn）池之会上，蔺相如再次凭借自己的睿智和胆略，帮助赵王摆脱了受辱的困境，维护了赵国的尊严。由于他功劳显赫，赵王封他为上卿，地位在廉颇之上。

生性刚直粗犷（guǎng）的廉颇对此很不服气，他说："作为赵国的将军，我廉颇战无不胜，攻无不克，立下许多大功。他蔺相如只不过因为能说会道立了点功，地位却在我之上。蔺相如本来就出身卑贱，屈居他之下真令我感到羞耻。我遇见蔺相如，定要羞辱他一番。"

蔺相如听说此事后，便常常躲着廉颇。每到上朝时，他就声称有病，不愿和廉颇去争位次先后。有一次，蔺相如外出，远远看到廉颇，立马命车夫掉转车子回避。蔺相如的门客见他如此软弱，便失望地说："我们之所以离开亲人侍奉您，是仰慕您高尚的节义啊！如今廉颇对您出言羞辱，您却处处躲避，未免太胆怯了。我们无能，这便向您请辞！"蔺相如坚决挽留他们，问道："诸位认为廉将军和秦王相比，谁更厉害？"众人都说："当然秦王厉害。"蔺相如说："秦王我都不怕，怎么会怕廉将军呢？大家知道，秦国之所以不敢对赵国用兵，正是因为武有廉颇，文有我蔺相如啊！如果我们俩闹不和，秦国势必趁机攻打我国。我之所以对廉将军处处忍让，只是将国家的危难放在前面，将个人恩怨搁在后面罢了！"

廉颇听说此话后羞愧难当，亲自到蔺相如府上负荆请罪。自此，他们二人冰释前嫌，结为生死之交，在战国后期风雨飘摇的形势下，共同支撑着赵国的江山社稷（jì）。

增量发现

量量：历史上有很多以德报怨的佳话。秦汉时期，功成名就的韩信没有杀掉当年让他受胯下之辱的青年，使这人感激涕（tì）零，愿意终生为他效劳；三国鼎立时期，孟获的叛乱严重危害了蜀国的稳定，诸葛亮南征时

却对孟获七擒七纵，最后使桀骜（jié ào）不驯的孟获心悦诚服，甘心归附蜀汉……但有的人不赞同这样的观点，他们认为以牙还牙、以恶制恶是最好的方法。

增老师：以牙还牙、以恶制恶绝对不能化解怨仇，反而会令怨恨越积越多。老子说，大生于小，多起于少（"大小多少"），用德来报答怨恨（"报怨以德"），那么，人与人之间才会减少矛盾，社会才会更加和谐。历史上智者的容人肚量和仁者的博大胸怀，让我们看到真善美的瑰丽动人。孔子就说过这样的话："何以报德？以直报怨，以德报德。"大意是，要怎样来报答恩德呢？应该用正直来报答怨恨，用恩德来报答恩德。

种瓜得瓜

梁国有一位叫宋就的大夫，曾经做过一个边境小县的县令，这个县城和楚国相邻。梁楚两国边境的兵营每年都会种瓜，而且各有妙法。

这一年，梁国戍（shù）边的士兵勤劳努力，经常浇灌他们的瓜田，所以瓜秧长势良好。楚国戍边的士兵可就懒惰多了，他们很少浇灌瓜田，所以瓜秧长势不好。楚国县令得知梁国的瓜秧长势很好，怒责楚国士兵懈怠失职。楚国士兵心怀怨恨，于是晚上偷偷去梁国边境踩踏他们的瓜秧。梁国士兵发现此事后，纷纷请示县尉，意图伺（sì）机报复。县尉发觉事态严重，立马向宋就报告，宋就说："唉，这怎么行呢？双方若因此事结下怨仇，日后势必引起大祸啊！以彼之道还施彼身，这是气量狭小的表现。我这里有一个妙招，你每天晚上派人去楚国边境，偷偷地为他们浇灌瓜田，结果自有分晓。"梁国士兵半信半疑地遵照宋就的话去做。楚国士兵每天早晨去瓜田巡视，总是发现瓜田已经浇过水了，瓜秧的长势一天比一天喜人。楚国士兵大惑不解，于是暗中侦查，才发现原来是梁国士兵做了好事。

楚国县令感念梁国士兵的恩德，便将这件事原原本本地上报楚王。楚王听后，既忧愁又羞愧，他告诉主管官吏："调查一下那些到梁国瓜田里捣乱的人，他们莫非还有其他罪过？梁国人此举是在暗中责备我们啊！"

楚王为表歉意，奉上丰厚的礼物，并请求与梁王结交。此后，楚王时常称赞梁王诚信守诺，两国友好往来，结下了深厚情谊。可以说，两国的友好邦交是从宋就开始的。

古语有云："转败而为功，因祸而为福。"老子曾说："报怨以德。"这件事便是对这些至理名言的最好注解。

64　天下大事，必作于细

tiān xià dà shì　bì zuò yú xì

成语溯源

图难于其易，为大于其细；天下难事，必作于易，天下大事，必作于细。

（选自《道德经》第六十三章）

成语释义

【天下大事，必作于细】天下大事必定从细微处做起。

增量阅读

一颗棋子

吕元膺（yīng），字景夫，郓（Yùn）州东平（今东平县）人，唐代大臣，官至吏部侍郎。

据《芝田录》记载，吕元膺任东都留守时，有个处士常陪他下棋。有一次，两人正对弈（yì），公文渐渐堆积起来，吕元膺只好一边下棋，一边批阅公文。那个处士认为吕元膺一定顾不上棋局，便趁机偷偷挪动了一颗棋子，最后胜了吕元膺。其实吕元膺早已把一切看在眼里，只是没有说破。

第二天，吕元膺客客气气地对那个处士说："我这儿人浮于事，不适合先生常来，您还是去别的地方吧！"说罢，吕元膺即为他送行。别人都不知道吕元膺不愿再与他来往的原因，但处士心中有数，于是讪（shàn）讪地走了。

就这样过了十来年。有一天，吕元膺卧病在床，危在旦夕。他语重心长地对围在病床边的子侄们说："为人处世，结交朋友，一定要认真对待、审慎选择。当初我为东都留守，常与一个处士下棋。有一次，他趁我批阅公文时，偷偷挪动了一颗棋子。其实这件事并不是什么大事，不值得介怀，但我从此事看出此人心迹可畏。当初我如果和盘托出，又怕他担惊受怕，一辈子抬不起头来。时至今日，我将此事告诉你们，就是希望能对你们有所启发。"说罢，他坦然地闭上双眼，溘（kè）然长逝。

增量发现

量量：挪动一颗棋子，看起来是一件微不足道的小事，似乎不值得认真。但小事不小，小中可以见大。诚信是一种美德，是立身处世之本。

增老师：处理困难要从容易的入手（"图难于其易"），实现远大（志向）要从细微处入手（"为大于其细"）；天下的难事，必定从容易的做起（"天下难事，必作于易"），天下的大事，必定从细微处做起（"天下大事，必作于细"）。小与大，并没有不可逾（yú）越的鸿（hóng）沟。

量量：我明白了，用现在的话说就是细节决定成败。我们既要有远大的理想，又要有从小事做起的习惯，这样才能取得成功。

主题链接

詹（Zhān）天佑认真勘（kān）测线路

詹天佑是我国杰出的爱国工程师。从北京到张家口的这一段铁路，最早是在他的主持下修筑成功的。

开始勘测线路后，詹天佑时时处处认真仔细。哪里要开山，哪里要架桥，哪里要把陡坡铲平，哪里要把弯度改小，都要经过严格勘测，进行周密计算。

詹天佑经常勉励工作人员："我们的工作首先要精密，不能有一点儿马虎。'大概''差不多'这类说法不应该出自工程人员之口。"他亲自带着学生和工人，扛着标杆，背着经纬仪，在峭壁上定点测绘。户外常常狂风怒号，黄沙满天，一不小心还有坠入深谷的危险。不管条件怎样恶劣，詹天佑都始终坚持在工程一线工作。白天，他翻山越岭，勘测线路；晚上，他就在油灯下绘图计算。

为了寻找一条合适的线路，他常常请教当地的农民。遇到困难，他总是想：这是中国人自己修筑的第一条铁路，一定要把它修好，否则不但被外国人讥笑，还会使中国的工程师失掉信心。

在詹天佑和同仁的共同努力下，京张铁路不满四年就全线竣（jùn）工了。

积 累 与 运 用

一、根据意思填成语。

1. 天下大事必定从细微处做起。（　　　　　）

2. 不记别人的怨仇，而以恩德相报。（　　　　　）

3. 美好的行为可以让人重视。（　　　　　）

4. 各自得到所需要的东西。后指每个人或事物都得到适当的安置。

（　　　　　　）

二、想一想，选取本单元学过的一个成语填写在括号里。

1.（　　　　　），想成就大业，必须从眼前小事做起。

2. 奶奶经常说："做好人不吃亏，善有善报，恶有恶报。"我时刻谨记奶奶的话，果然，（　　　　　），我得到了很多人的尊敬。

3. 中国民众在日本战败投降后，无条件地收留并抚养日本遗孤，和平遣返日本战俘，显示了（　　　　　）的情怀。

4. 班主任很善于发扬每个同学的长处，大家（　　　　　），共同为班级做贡献。

第十七单元

107

美国学者麦克·哈特在《影响人类历史进程的100名人排行榜》中这样评价《道德经》：『在中国浩如烟海的书籍中，在国外被最广泛翻译和阅读的一本书要算是在2000多年前写成的《老子》，也叫《道德经》。』『这本书篇幅很短，中文不到6000字，但其思想内涵却是极其丰富的。在西方，《道德经》比孔子和其他儒家哲学家的著作都更流行。事实上，该书至少有40种英文译本，除了《圣经》以外，任何书籍在数量上都无法与其相比。』

65 轻诺寡信
qīng nuò guǎ xìn

成语溯源

　　夫轻诺（轻易允诺）必寡信，多易必多难。是以圣人犹难之，故终无难矣。

（选自《道德经》第六十三章）

成语释义

【轻诺寡信】轻易答应别人的要求，很少能守信用。

增量阅读

齐襄公之死

　　春秋时期，齐国联合宋、鲁、陈、蔡四个诸侯国攻打卫国。卫国被攻陷后，齐襄公担心周王派兵讨伐，任命大夫连称为将军、管至父为副将，统领兵马在葵（Kuí）丘戍守。两位将军临行前请示齐襄公：“戍守边疆虽然劳苦，但是作为您的臣子，我们不敢推辞。只是我们去驻守得有个期限，您认为我们应该驻守多长时间呢？”当时，齐襄公正在吃瓜，便顺口应付道：“现在正是瓜熟时节，等到明年瓜熟时节，我就会派人替换你们的。”得到齐襄公的承诺，连称、管至父带兵前往葵丘驻守。

　　不知不觉间，一年光景很快便过去了。由于军务繁忙，连称和管至父渐渐忘记了临行前与齐襄公的约定。有一天，手下的兵卒向两位将军进献刚刚成熟的瓜果，让他们尝尝鲜。这时，他们猛然想起与齐襄公的瓜熟之约，思乡之情油然而生，心里也禁不住泛起了嘀咕（dí gu）："此时正该换防，为什么君主还不派人来替换我们呢？"于是，他们特地差遣心腹前往国都打探情况，得知齐襄公整天寻欢作乐，不理朝政，两位将军十分气愤："我们在边疆吃苦受累，用生命护卫君主周全，可他在国都骄奢淫逸，尽享荣华富贵，根本不记得派人来替换我们！"随后，他们派人向齐襄公献上新鲜瓜果，希望齐襄公能想起临行前的约定，派人换防。不料，齐襄公看到瓜信后大怒道："换防不换防由我说了算，等到明年瓜熟时节再商议此事吧！"

二位将军听到回报，气得咬牙切齿，当机密谋起兵。随后，他们联合公孙无知发动叛乱，杀死齐襄公，拥立公孙无知为齐国新君。

增量发现

量量：增老师，读了齐襄公之死的故事，我明白了不要轻易许诺，一旦许诺，就要守诚信，保证诺言如期兑现。

增老师：没错，诚信是中华民族的传统美德，老子也一再强调诚信的重要性。老子说，轻易允诺的一定会失信（"夫轻诺必寡信"），把事情看得太容易一定会遭遇更多困难（"多易必多难"）。所以圣人总把问题看得很艰难（"是以圣人犹难之"），因此终究没有困难（"故终无难矣"）。老子把那些轻易向别人许下诺言的人与圣人相比较，告诉我们不要贪图大贡献，处理问题时要量力而行，答应别人的就一定要做到。

晋文公攻原得卫

晋文公，名重耳，是春秋时期晋国的第二十二任君主。他文治武功，成为春秋五霸中的第二位霸主，与齐桓公并称"齐桓晋文"。

有一年，晋文公攻打原国，只携带了十天的粮食，于是他和大夫们约定十天内收兵。转眼间十天期限届满，原国仍未被攻下，晋文公只好下令鸣金收兵，撤退回国。

此时，有个从原国都城回来的士兵报告晋文公："再有三天就可以攻下原国了，这是千载难逢的机会。粮食可以征调，请君主下令继续进攻。"

群臣也纷纷劝谏晋文公："原国城内粮食已经吃完了，兵力也已经耗尽了，请君主再等待一些时日吧。"

晋文公语重心长地说："我和大夫们以十日为限，若不撤兵，便是失信。为了得到原国而失去信用，我办不到。"说罢，下令撤兵返回晋国。

原国的百姓听说此事，奔走相告："有晋文公那样守信用的君主，怎能不归顺他呢？"于是，原国百姓纷纷归顺晋国。

卫国百姓听说此事，也交口称赞："有晋文公那样守信用的君主，怎能不归顺他呢？"于是，卫国百姓也纷纷归顺晋国。

孔子听说后，将此事记载下来，并且评价道："晋文公攻打原国，竟收获了卫国，是因为他守信啊！"

66　千里之行，始于足下
qiān lǐ zhī xíng, shǐ yú zú xià

成语溯源

合抱之木，生于毫末（细小的萌芽）；九层之台，起于累土（一堆土）；千里之行，始于足下。

（选自《道德经》第六十四章）

成语释义

【千里之行，始于足下】行千里远的路程，须从迈第一步开始。比喻要实现远大的目标，须从小处逐步做起。

增量阅读

"扫一室"与"扫天下"

东汉时期，有个青年名叫陈蕃（fán），他志存高远，喜好读书，生活却很懒散，连自己的书房也很少打扫。

有一天，一个叫薛勤的人来拜访陈蕃的父亲，正巧他父亲外出，只有陈蕃在家。陈蕃见有客人到来，赶忙从书房出来热情接待。薛勤一边和他寒暄（xuān），一边随意走进了陈蕃的书房。

薛勤一进书房，着实吓了一跳。书房里又脏又乱，桌子上堆满了书和杂物，满是灰尘，地上到处是垃圾，墙壁上还有不少蜘蛛网。书房里不仅肮脏，连空气也显得污浊。薛勤看后，不禁皱起了眉头，他对陈蕃说："年轻人，书房怎么这么乱呀？为什么不把书房打扫干净呢？"

没想到，陈蕃满不在乎地说："大丈夫活在世上，要干的是轰轰烈烈的大事业，要扫除的是天下一切不平之事，何必花心思去清扫一间小小的屋子呢？"他说得理直气壮，神情颇为得意。

听到陈蕃这样的回答，薛勤暗想：此人年少而有大志，十分难得。只是连小事都不愿意做，怎么能做成大事呢？于是他盯着陈蕃，反问道："年轻人，你连一间小小的屋子都不扫，又怎么去扫天下呢？"

薛勤走后，陈蕃陷入了深思。他觉得薛勤的话很有道理，于是赶紧将书房打扫得干干净净。

增量发现

量量：增老师，老子这段话蕴含着深刻的哲理：合抱的大树（"合抱之木"），是从细小的萌芽生长起来的（"生于毫末"）；九层的高台（"九层之台"），是从一筐筐泥土建造起来的（"起于累土"）；千里的远行（"千里之行"），是从脚下一步步走出来的（"始于足下"）。

增老师：理解得不错。其实我国古代还有类似的表述，比如《管子·形势解》中的"海不辞水，故能成其大；山不辞土石，故能成其高"，荀子《劝学》中的"不积跬步，无以至千里；不积小流，无以成江海"……

量量：增老师，我发现我们平时学的成语都是四个字的，而这个成语是八个字的。这属于成语中的哪一类呢？

增老师：这在成语中被称为"骈（pián）偶成语"，即所谓的对称句。它们两两对举出现，字数不要求完全相等或对称，句式也不要求完全工整。

量量：我明白了，我还知道很多这样的成语呢！比如：百尺竿头，更进一步；百足之虫，死而不僵；比上不足，比下有余；兵来将挡，水来土掩；不入虎穴，焉得虎子……

主题链接

两个和尚

有两个和尚，一个很有钱，过着很舒适的日子；另一个却很穷，每天除了念经就是在外化缘，日子过得很清苦。

有一天，穷和尚说："我想到印度去拜佛，求取佛经，你看如何？"富和尚说："路途那么遥远，你怎么去呢？"穷和尚说："我有一个钵（bō）、一个水瓶和一双脚，我想够了。"富和尚哈哈大笑，说："我想去印度已经好多年了，一直没有去成，就是因为旅费不够。我都没有去成，你怎么去得了？"

一年以后，穷和尚从印度回来了，还带了一本印度佛经送给富和尚，富和尚满脸羞愧。

"千里之行，始于足下"，成功和失败的最大区别，往往就是看有没有付诸实践。

67 慎终如始
shèn zhōng rú shǐ

成语溯源

　　民之从事，常于几（几乎，接近）成而败之。慎终如始，则无败事。

（选自《道德经》第六十四章）

成语释义

　　【慎终如始】谨慎地对待结束，如开始一样。指做事从始至终都谨慎不懈。

增量阅读

行百里者半九十

　　秦王依靠秦国强大的实力、有利的地形，成功地实行了"远交近攻"的政策。几年来，六国或被攻破，或被削弱。眼看大局已定，秦王逐渐放纵懈怠，把政事交给相国，自己在宫中饮酒作乐，恣意享受起来。

　　一天，侍卫向秦王报告，有一个年近九十的老人，刚从百里之外赶到京城，一定要进宫求见秦王。于是，秦王亲自接见了他。

　　秦王说："老人家，你远道而来，路上一定很辛苦吧！"

　　老人说："是啊！草民从家乡出发，走了十天，行了九十里，又走了十天，行了十里，好不容易赶到京城。"

　　秦王笑道："老人家，你算错了吧？开始十天走了九十里，后来十天怎么只走了十里呢？"

老人回答："头十天，我一心赶路，全力以赴。待走了九十里以后，实在觉得很累，那剩下的十里似乎越走越长，每走一步都要花费许多力气，所以又走了十天才到咸阳。回头一想，前面的九十里，只能算是路程的一半。"

秦王点点头，说："老人家赶了那么多路来见我，可有什么话对我说吗？"

老人回答："我就是要把这走路的道理告诉大王。我们秦国统一的大业眼看就要完成，就像老臣百里路已经走了九十里一样。不过我希望大王把以往的成功看作完成了事业的一半，还有一半需要努力去完成。如果现在松懈下来，那以后的路就会特别难走，甚至会半途而废，走不到终点呢！"

秦王谢过老人的忠告，再也不敢懈怠，把全部精力都投入统一六国的大业中去了。

增量发现

量量：增老师，我常听说"好的开头是成功的一半"，而上面的故事怎么说"行百里者半九十"呢？

增老师：开头固然重要，但一般人做事（"民之从事"），总是在快要成功时失败（"常于几成而败之"）。审慎面对事情的终结，一如开始时那样慎重（"慎终如始"），那就不会失败（"则无败事"）。

量量：我明白了，老子告诉我们做事要坚持不懈、持之以恒，而且不管事情做到哪一阶段，都要保持刚开始时的那份热情和慎重，这样才能保证事情顺利完成。

主题链接

小林蛙的悲剧

不知不觉，寒冬已过去大半，坚冰已经开始融化了。几只小林蛙饱饱地睡了一觉，伸了伸懒腰，睁开了惺忪（xīng sōng）的睡眼。它们已经睡了很久，久到忘记了时间。这才刚刚醒来，它们就迫不及待地朝外面望去。冰雪渐渐消融，大地袒露出久违的绿色，大树抖落了一身银装，几只小鸟站在枝头叽叽喳喳地说着什么，或许在诉说这个冬天发生的奇闻轶事吧。小林蛙见到这样的景象，以为春姑娘终于来了。它们急不可耐地松了松筋骨，便在还覆盖着一层薄冰的池塘里欢乐地游了起来。

或许小林蛙们太久没有享受过水中畅游的乐趣了，以至于危险逼近也没有丝毫察觉。一条正在觅食的大黑鱼躲在暗处窥视着这群可爱的小林蛙，它早已垂涎三尺，只等待一个合适的时机。突然，它朝小林蛙们发起进攻，一只来不及逃脱的小林蛙还没等来春天，便成了大黑鱼的果腹之物。

侥幸逃脱的小林蛙们害怕极了，它们连忙躲进池塘底部的淤（yū）泥里。等醒过神来，它们才想起智慧蛙入冬前的告诫：一定要沉住气，慎终如始，不要在冰层尚未完全消融的时候，过早地放松警惕！

68 俭故能广

jiǎn gù néng guǎng

成语溯源

慈故能勇；俭故能广；不敢为天下先，故能成器长（万物的首长。器，万物）。

（选自《道德经》第六十七章）

成语释义

【俭故能广】平日里勤俭节省，所以才能够富裕。

增量阅读

宋太祖的节俭之道

宋太祖赵匡胤出生于一个没落世家，早年的坎坷生活令他养成了俭朴节约的好习惯。后来，他壮志得酬，黄袍加身，成为大宋开国皇帝。可他富贵不忘本色，照样俭朴律己。他的寝宫只挂着青布和苇帘，用的丝织品都没有绣上图案，他只有登殿上朝时的赭（zhě）服是用绫锦做的，其他衣服大多用绢布制成，而且总是洗了再穿，穿了再洗，很少换新的。

赵匡胤称帝后，北汉尚未被纳入大宋版图。于是，赵匡胤先后三次攻打北汉。其中一次征讨北汉时恰逢七夕节，赵匡胤送给汴京的太后和皇后的节礼是：太后三贯钱，皇后一贯半。

赵匡胤对母亲和妻子如此"抠门"，对女儿则更是有过之而无不及。有一次,赵匡胤的女儿永庆公主觐见父亲,她穿了一件十分华美的新衣服,赵匡胤见状,立马让她换下华服,并严厉地对她说:"身为公主,穿这么华丽的衣服到处炫耀,别人就会争相效仿。过去,齐桓公喜欢穿紫色衣服,全国上下都以穿紫服为美,结果紫布价格连番上涨。如今,你的生活已经很优越了,要学会珍惜才是,怎能带头铺张浪费呢?"听了父亲的教诲,公主很不服气。于是,她试探地问赵匡胤:"父皇,您做皇帝已经好几年了,进进出出总离不开那顶旧轿子,它应该用黄金装饰一下吧!"

赵匡胤平心静气地对公主说:"我是一国之君,掌握着全国的政治经济大权。整个皇宫都用黄金装饰起来,我都能办得到,何况一顶轿子!可是黄金是国家的,我要为天下守财,绝不可乱用。倘若我带头奢侈浪费,必然有很多人效仿,这样一来,天下百姓必会怨恨我,水能载舟亦能覆舟,你说我能带这个头吗?"宋太祖的话让公主羞愧不已,她连忙磕头请罪,心悦诚服地承认了自己的错误。

赵匡胤在位期间,力戒奢侈浪费,积极倡导节俭之风,官员上行下效。北宋初期,士大夫竞相以节约自勉;州县官上任时,奢侈浪费的迎来送往都取消了;很多小官上任时,只穿草鞋、拄木杖,徒步而行。赵匡胤为天下守财的精神,为宋王朝积累了不少财富。"历览前贤国与家,成由勤俭破由奢。"赵匡胤的节俭之道,的确值得今人借鉴。

增量发现

量量:增老师,我发现赵匡胤的节俭之道与老子的思想是吻合的。老子说,慈爱所以能勇武("慈故能勇");节俭所以能厚广("俭

故能广"）；不敢居于天下人的前面（"不敢为天下先"），所以能成为万物的首长（"故能成器长"）。

增老师：量量真棒！节俭是一种难能可贵的美德。《朱子家训》中有这样一句话："一粥一饭，当思来之不易；半丝半缕，恒念物力维艰。"它告诉我们要养成勤俭节约的美德，不要铺张浪费。切莫看轻日常微小的事物，生活中积攒下来的些微财富聚集起来会产生难以估量的能量。

一元钱的存款

一元钱的存款能有多少利息，它能拯救濒临破产的银行吗？但是不要忘了聚沙成塔的道理。

第二次世界大战后，日本的财阀、财团都被迫解体或改名，就连有着悠久历史和良好信誉的三菱（líng）银行，也因各种原因不得不改名为千代田银行。由于名字非常陌生，生意也就非常冷清。

业务部的道天晋为此苦闷不堪，他每天都在想着如何吸引顾客来存款。终于有一天，他想出了"一块钱存款"。战后的日本，一块钱都非常珍贵。在根本没有人来存款的情况下，千代田贴出了这样的宣传海报："用手掬（jū）一捧水，水会从手指间流走。很想存一些钱，但是，在目前这种糊口都难的日子里，是做梦也不敢想的。先生们、女士们，如果你们有这种想法的话，那么，请您持一本存款簿（bù）吧。它就像是一个水桶，有了它，从手指间流走的零钱就会一滴一滴、一点一点地存起来，您就会在不知不觉间拥有一笔可观的存款了。我们千代田银行是一块钱也可以存的。有了一本千代田的存款簿，您的胸膛就会因充满希望而挺起，您的理想就能在天空中自由翱（áo）翔。"

海报一贴出，就造成了极大影响，原本因为钱少并没有存钱想法的人都来存钱了，银行也因此度过了艰难的战后初期。从此以后，一元钱存款风行世界。

一元钱固然微不足道，但把许多个一元钱汇集起来，就能形成不小的数目。它可以对一个人、一个企业产生不可估量的影响，而怎样把许多一元钱汇集起来则需要智慧。

积 累 与 运 用

一、根据意思填成语。

1. 谨慎地对待结束，如开始一样。指做事从始至终都谨慎不懈。

（　　　　　　　）

2. 平日里勤俭节省，所以才能够富裕。（　　　　　）

3. 行千里远的路程，须从迈第一步开始。比喻要实现远大的目标，须从小处逐步做起。（　　　　　）

4. 轻易答应别人的要求，很少能守信用。（　　　　　　）

二、想一想，选取本单元学过的一个成语填写在括号里。

1. 老张之所以能够白手起家，是因为他深刻地懂得（　　　　　）的道理，他创业的第一桶金便是他通过省吃俭用攒下来的。

2. 小李向来一言九鼎，一旦许诺，便一定会兑现，从不（　　　　　）。

3. （　　　　　　），所以不要嫌弃做小事，大事是从小事做起，不要嫌弃走得慢，走得慢比不走要好。

4. 老师经常告诉我们做事要（　　　　　），不要虎头蛇尾。

第十八单元

苏联著名汉学家李谢维奇说：『老子是国际的，是属于全人类的。』俄国汉学家海奥基耶夫斯基说：『古代哲学家老子的学说，是中国一切哲学发展的出发点，所有其他中国哲学家的体系，都是在《道德经》哲学体系的各个部分的基础上发展起来的。』

69 jìn cùn tuì chǐ
进寸退尺

用兵有言："吾不敢为主（进犯，采取攻势），而为客（采取守势，不得已而应敌）；不敢进寸，而退尺。"

（选自《道德经》第六十九章）

成语释义

【进寸退尺】前进一寸，后退一尺。后用来比喻所失多于所得，进步小而退步大。

增量阅读

晋文公退避三舍

晋文公即位以后，整顿内政，发展生产，令晋国渐渐强盛起来，他希望能像齐桓公那样称霸中原。

这时，周朝天子周襄王派人来讨救兵。晋文公起兵勤王，击败了敌人，护送周天子回到京城。

过了两年，楚国派大将成得臣率领五国攻打宋国，宋襄公的儿子宋成公来讨救兵，大臣们都说："楚国老是欺负中原诸侯国，主公要想成就霸业，就得扶助有困难的国家，这可是大好时机啊。"晋文公早就看出，要当上中原霸主，就得打败楚国。于是，他马上扩充队伍，发兵去救宋国。

公元前632年，晋军攻下了归附楚国的两个小国——曹国和卫国，并俘虏了两国国君。楚成王本就不想同晋文公交战，听到晋国出兵，立刻命令成得臣退兵。可是成得臣不肯半途而废，他派部将禀报楚成王："我虽然不敢保证一定能打胜仗，但也要尽全力拼一个你死我活。"

楚成王很不高兴，只派了少量兵力给成得臣指挥。成得臣派人通知晋军，要他们释放卫、曹两国国君。晋文公棋高一着，他暗地里通知这两国国君，答应恢复他们的君位，但是要他们先跟楚国断交。曹、卫两国国君按晋文公的意思办了。

成得臣得知此事，气得双脚直跳，他大声叫嚷："这分明是重耳这个老贼逼他们做的。"他立即下令，催动全军奔袭晋军。

楚军一进军，晋文公便立刻命令全军后撤。这时，有些将士想不通了："我们的统帅是一国之君，对方带兵的是臣子，哪有国君让臣子的道理？"

狐偃（yǎn）解释道："打仗要凭理，理直气就壮。当初楚王帮助过主公，主公曾对楚王许诺：若两国交战，晋国甘愿退避三舍。今天后撤，就是为了兑现这个承诺啊。要是我们对楚国失信，那我们就理亏了。如果我们退兵，他们仍不罢休，那就是他们理亏，那时我们再跟他们交手也不迟。"

晋军一口气后撤了九十里，到了城濮（pú）[今山东鄄（Juàn）城西南]才停下来。

楚国将士见晋军后撤，便想停止进攻。可是成得臣不答应，他率兵追到城濮，跟晋军遥遥相对。

然后，成得臣派人向晋文公下战书，措辞十分傲慢，晋文公派人回复道："贵国的恩惠，我们铭记于心，所以退避三舍。如今你们仍步步紧逼，那我们只好在战场上比个高低了。"

双方交战时，晋军将领指挥军队佯装败退。成得臣一向骄傲自大、刚愎自用，他见晋军败逃时如此狼狈，便不管不顾地追了上去。不料，正中晋军埋伏。晋军的中军精锐猛冲过来，把成得臣的军队拦腰切断。原来假装败退的晋军趁势回过头来，前后夹击，把楚军杀得七零八落。

此时，晋文公连忙下令：把楚军赶跑即可，莫再追杀。成得臣率领败兵残将仓皇败逃，他觉得没法向楚成王交代，便自杀谢罪了。

晋国打败楚国的消息传到周都洛邑，周襄王大喜，亲自到践（Jiàn）土（今河南原阳县西南）慰劳晋军。至此，城濮之战以晋军全面胜利宣告结束。

增量发现

量量：增老师，成语释义中说，进寸退尺的意思是所失多于所得，这和得寸进尺的意思不是截然相反吗？

增老师：不错，这两个成语是一对反义词。但是在《道德经》中，进寸退尺表达的是老子的反战思想。老子说，用兵的人曾说（"用兵有言"）："我不敢进犯（'吾不敢为主'），而采取守势（'而为客'）；不敢前进一寸（'不敢进寸'），而要后退一尺（'而退尺'）。"老子主张采取被动守势，不侵略，无意于争端肇（zhào）事。从军事学的角度，他谈了以退为进的方针，他认为战争应以守为主，以守而取胜，同时这也表明了处世哲学中的退守、居下原则。

量量：随着时代发展，这两个成语的意思发生了重大变化。在今天，进寸退尺告诉我们不能因小失大，特别是因为小利而丧失人格；得寸进尺告诫我们不要贪得无厌，要学会知足常乐，干什么事情都要循序渐进，注意积累和消化，不能一口吃成个大胖子。

 主题链接

因钟丧国

春秋时期，有个仇由国，是个山区小国。国内只有几条弯弯曲曲的小路和国外通连，交通十分不便。

它的邻国晋国是个大国。晋国的掌权人智伯早就想吞并它，已准备好人马随时踏平仇由国，但是因为仇由国的道路十分狭窄，兵车进不去，于是智伯想出一个办法来。

他花费巨资铸了一口大钟，这钟比仇由国的道路还宽大好几倍。智伯让人告诉仇由国国君，这钟不久就要送去，让仇由国准备迎接。

仇由国国君听了这个消息非常高兴。他下令砍树凿石，准备把道路修得又平又宽，好迎接智伯送来的大钟。

仇由国有个非常聪明的人，名叫赤章曼枝，他是仇由国的第一谋士，也是国君的军师。他知道这件事后，立刻面见国君。他对国君说："这条路千万不能修！之所以现在许多小国家都灭亡了，而我们的国家还存在，周边的大国也不侵犯我们，并不是因为他们怕我们，而是因为我们是个山区小国，道路狭窄，交通不便，紧要关隘（ài）只需要用几百名兵士就足以守住，所

以我们才得以太平。如果把路修平加宽，就等于给侵略者的军队铺平了道路。一口钟事小，失国事大，请大王千万不要因小失大。"

仇由国国君听了哈哈大笑，说："智伯送如此大礼，怎么是小事呢？晋国是一个大国，素与我国交好，此次送钟肯定是要与我国建立更加亲密的邦交，怎么说晋国要侵略我国呢？"

赤章曼枝说："国君有所不知，晋国的智伯是个阴谋家，他对我们国家觊觎（jì yú）已久，只是苦于我国道路狭窄、交通不便而迟迟未动手。以臣之见，他要送给我们大钟是假，想吞并我们的国家是真。等道路修好，他就会派大队人马入侵。那时他们不费吹灰之力，就可以得到我们的国家。这实在是个大阴谋，千万不能上当！"

仇由国国君非常生气，不由分说便让人把赤章曼枝赶了出去，然后继续修路。路修好之后，仇由国国人张灯结彩、鼓乐喧天，准备迎接大钟的到来。

只是，他们没有等来大钟，等来的是智伯率领的军队。不久，仇由国灭亡。

70 哀兵必胜
āi bīng bì shèng

成语溯源

祸莫大于轻敌，轻敌几丧吾宝。故抗兵相若（两军实力相当），哀者胜矣。

（选自《道德经》第六十九章）

成语释义

【哀兵必胜】指受压迫而悲愤地奋起反抗的军队一定能胜利。常用以鼓励处于劣势的一方要建立必胜的信心和勇气。

增量阅读

顺昌之战

1127年，金朝统治者灭亡北宋后，不断发兵侵扰江南，宋代统治者一味逃跑，不敢抵抗，但黄河两岸的广大爱国军民在抗战派将领的率领下以各种形式给金军以沉重的打击。

南宋抗金战争到1130年时，双方力量对比发生了有利于南宋的变化，金军的精锐部队接连受挫，战斗力大大削弱。1135年，金军与伪齐联合攻宋遭遇失败，这更加暴露了金军的虚弱本质。尽管如此，宋高宗仍一心一意与奸臣秦桧合谋，不断派使臣向金求和。金国统治者为达到不战而使南宋屈服的目的，同时，也为了让自己的军队获得休整，同意议和。1139年，宋、金达成以黄河为界的和议。根据这一和约，宋方须割地、赔款，对金称臣。

当南宋统治者庆贺和约签订，大肆封官晋爵之时，金军在不到一年的时间内做好了战争准备。次年五月，金熙宗和都元帅完颜宗弼（bì）以收回原伪齐辖（xiá）区河南、陕西之地为借口，撕毁和约，兵分四路，大举攻宋，进攻初期气势汹汹。

南宋新任东京副留守刘锜（yǐ）北上赴任，五月十五日赶到顺昌时，金军前锋已进至陈州（今河南淮阳），距顺昌约三百里。顺昌地处淮北颖水下游，为金军南下必经之地。刘锜为屏蔽江淮，决定率领军队与知府陈规共同坚守顺昌。

顺昌北濒颖水，南有淮河，是通往汴梁的交通要道。在大敌压境之际，刘锜沉着果断，亲自视察城内外的防御工事和地形，凿沉船只，加高加厚城墙，构筑防御工事。他号召大家齐心协力，保卫顺昌城。他还将自己全家老少搬到一座庙里，在门口堆满干柴，并嘱咐守卫的士兵，万一顺昌城被金军攻破，即放火焚烧他的全家，以此激励士兵和百姓誓死保卫顺昌城。根据地形和兵力，他让重军统制守御东、西、南、北门，又派人不断侦察金军行动方向。经过一个星期的努力，初步完成了顺昌城的防御准备。

五月二十五日，金军数千游骑渡过颖水，进逼顺昌城郊。宋军伏兵活捉金军银牌千户两人。刘锜从俘虏口供中了解到金军动向，派兵千余乘夜劫营，一直激战到次日凌晨，宋军首战告捷。二十九日，刘锜派兵连续发起进攻，大获全胜，缴获甚多。顺昌被围第四天，金军已无力还击，只得退去。这三次战斗，宋军智勇结合，使围攻顺昌的金军元气大伤，宋军取得了顺昌保卫战的初步胜利。

初战取胜之后，六月六日，刘锜派人将顺昌城东门、北门外停泊的船只全部凿沉，下定决心背水一战。刘锜加紧备战，抓准战机，带领宋军奋勇作战。十二日，完颜宗弼被迫率全部金军撤离顺昌，顺昌保卫战取得了彻底胜利。

刘锜所部不满两万，其主力是原来王彦率领的著名的"八字军"，但能出战者只有五千人。刘锜率领将士同心协力，坚决抵抗，采取了正确的战略方针：先发制敌，挫敌锐气；麻痹敌军，制造战机；以逸待劳，趁其不备。加之城内居民的广泛支持，宋军终于以少胜多，以劣胜强，大灭金军的嚣张气焰，挡住了金军自两淮南侵的锋芒。这一战是金军南侵以来遭遇的最重大的惨败之一，震撼了金国朝野。

增量发现

量量：初次接触这个成语，我还以为这里的"哀"是悲哀、可怜的意思，读了上面的故事我才知道，"哀"有悲更有愤，这种情绪会激发人的勇气、力量，反而会取得意想不到的效果。

增老师：正因为他们表现出了"哀"，所以才使对手放松警惕，他们才有了反败为胜的机会。不过"哀"在老子这段话中却不是悲愤的意思。老子说，祸患没有再比轻敌更大的了（"祸莫大于轻敌"），轻敌几乎丧失了我的"三宝"（"轻敌几丧吾宝"）。所以两军实力相当的时候（"故抗兵相若"），慈悲的一方会取得胜利（"哀者胜矣"）。可见，"哀"意为慈悲。老子认为，慈悲的一方不会发起战争，卷入战争是被迫无奈的，在忍无可忍的情况下，他们必定会全力反抗，上下一心，同仇敌忾，所以"哀者胜矣"。老子在这一章阐扬哀慈，以明"不争"之德。

主题链接

项羽破釜沉舟

秦朝末年，各地人民纷纷发动起义，反抗秦朝的暴虐统治。在农民起义军的领袖中，最著名的是陈胜、吴广，接着崛起的还有项羽和刘邦。

公元前208年，秦将章邯镇压陈胜、吴广起义之后，又攻破邯郸。反秦武装赵歇及张耳部被迫退守巨鹿，被秦将王离所率二十万大军围困。章邯率军二十万屯于巨鹿以南数里的棘(Jí)原，并修筑两侧有土墙的通道直达王离营，以供粮草。赵将陈余率军数万屯于巨鹿北，因兵少不敢前去营救。

楚怀王命上将军宋义、次将项羽，带领二十万人马去救赵国。宋义引兵至安阳后，接连四十六天按兵不动。对此项羽十分不满，他跟宋义说："秦军包围了巨鹿，形势这样紧急，咱们赶快渡河过去，跟赵军里外夹击，一定能够打败秦军。"

宋义说："我们还是等秦军和赵军决战以后再说吧。上阵跟敌人交锋，我比不上你；要说坐在营帐里谋划，你就比不上我了。"

项羽说："现在军营里没有粮食，但是上将军按兵不动，这样不顾国家，不体谅兵士，哪里有大将的样子？"

第二天早晨，项羽趁面见上将军的时机，忽然发难，拔出剑把宋义杀了。他提着宋义的头，对将士们说："宋义背叛大王（指楚怀王），我奉大王的命令，已经把他处死了。"

于是，将士们齐拥项羽为上将军。随后，他率军渡黄河前去营救赵国，以解巨鹿之围。楚军全部渡河以后，项羽让士兵们饱饱地吃了一顿饭，还让每人带上三天干粮，然后传下命令："皆沉船，破釜甑（zèng）。"意思是把渡河的船凿穿沉入河里，把做饭用的锅砸个粉碎，项羽以此表明他有进无退、一定要夺取胜利的决心。

就这样，战斗开始之后，没有退路的楚军战士以一当十，杀伐声惊天动地。经过九次激战，楚军最终大破秦军。秦军的几个主将，有的被杀，有的当了俘虏，有的投降。这一仗不但解了巨鹿之围，而且把秦军打得一蹶不振，两年后，秦朝就灭亡了。

楚军的骁勇善战大大提高了项羽的声威。此役胜利后，项羽于辕门接见各路诸侯，他们都不敢正眼看项羽。

后来，"皆沉船，破釜甑"演化为成语"破釜沉舟"，比喻拼死一战，不留退路。

71 被褐怀玉
pī hè huái yù

成语溯源

知我者希（通"稀"，稀少），则（取法，效法）我者贵（难得）。是以圣人被褐（穿着粗布衣服）怀玉。

（选自《道德经》第七十章）

成语释义

【被褐怀玉】穿着粗布衣服，怀中却揣着宝玉。比喻有才华而深藏不露。

增量阅读

主父偃的故事

主父偃，汉武帝时大臣，今山东临淄人。他出身贫寒，早年学长短纵横之术（流行于战国时期，以从事政治外交活动为主的一派思想），后听说汉武帝重视儒术，改学《周易》《春秋》。

他当年在齐地游学的时候，齐地的读书人都讨厌他、排挤他。没办法，他只有跑到燕国、赵国、中山国去，到那儿以后又遭到当地读书人的排挤，所以他很快就待不下去了。元光元年（公元前134年），主父偃做了一个重大决定，西入函谷关，找皇帝的小舅子卫青，希望通过卫青的推荐受到汉武帝的重用。可是卫青多次努力，汉武帝并未采纳他的建议。长年的奔波耗尽了主父偃的青春，主父偃没有被动地等待，他决定厚着脸皮孤注一掷。经过深思熟虑，他鼓起勇气将自己平生所学以及对时政的看法都记录在一片片竹简上，直接托人送进了中宫。

庆幸的是，汉武帝亲自阅览了他的奏疏，洋洋洒洒的文笔、引经据典的论证……无不吸引着皇帝的眼球，哪怕他在这封奏疏中明确反对汉武帝对匈奴进行征伐。

主父偃并没有等太久，奏疏上午递进去，他下午就得到了召见。主父偃终于有机会一展所长，多次上书言事，皇帝也特别欣赏他能主动为自己出谋划策。他一年之内竟连升四次，并且顺利地进入了汉武帝的中枢——内朝。

主父偃在内朝期间，对当时的政治颇有影响。几次上书，都能切中时弊。主父偃根据诸侯占地太多太大的敏感问题，借鉴贾谊、晁（Cháo）错削藩的措施，并加以发扬，提出了赫赫有名的"推恩令"，允许诸王将自己的封地分给子弟，建立较小的侯国。从此诸侯国越分越小，加强了中央集权。

主父偃起初反对征伐匈奴，但当对匈战争成为汉朝的基本国策，汉军又在反击匈奴的战争中取得初步胜利后，他转而支持战争，并最早提出在新夺取的河套地区设置朔（Shuò）方郡（jùn）。他认为朔方北依黄河，土地肥沃，若在此设置城市，不仅可以作为出兵的据点，且能发展生产，直接补充军需，从而减省大批人力物力。汉武帝采纳了主父偃的建议，这一举措在对匈战争中具有重要的战略意义：抽掉了匈奴进犯中原的跳板，解除了其对长安的威胁。匈奴虽多次出兵骚扰朔方，企图夺回河南地区，但最终只是徒劳。

增量发现

量量：老子这句话的意思是，了解我的人很少（"知我者希"），取法我的人就更难得了（"则我者贵"）。因此有道的圣人穿着粗布衣服，怀里揣着美玉（"是以圣人被褐怀玉"）。

增老师：理解得很对！主父偃的故事告诉我们：越是优秀的思想，往往越是难以让人理解，甚至被人曲解、误解。就像老子一样，他的文字固然简朴，道理固然单纯，内涵却很丰富，犹如粗布衣服里面藏着美玉。尽管老子对自己的理论充满信心，但面对现实无可奈何。悲剧产生的原因不在他自己。人可以保证自己有盖世的才华，但他无力保证能够被当权者所重用，能够被同时代的人所认可。

主题链接

怀才不遇的陆游

陆游，字务观，号放翁，越州山阴（今浙江绍兴）人，南宋诗人、词人。陆游是现存诗作最多的诗人，他一生笔耕不辍（chuò），今存诗词作品九千余首，内容极为丰富。他与杨万里、范成大、尤袤（mào）合称"南宋四大家"。

陆游出生后不久即遭逢"靖康之变"，金军攻陷北宋都城汴京，他于襁褓（qiǎng bǎo）中便随家人颠沛流离。因受社会及家庭环境影响，陆游自幼就受到深刻的爱国主义教育。

公元 1153 年，陆游赴临安应考，名列两浙路锁厅试荐送第一，秦桧的孙子秦埙（xūn）名列其后，秦桧大怒，欲降罪主考官。公元 1154 年，陆游参加礼部复试，主考官再次将陆游排在秦埙之前，秦桧竟擅自将陆游除名。

直至秦桧死后，陆游终于有机会出仕。公元 1158 年，陆游出任福州宁德县主簿。公元 1162 年，孝宗即位，陆游因"善词章，谙（ān）典故"，得赐进士出身，调任枢密院编修官兼编类圣证所编修官。为官期间，陆游坚持主战立场，并提出了许多抗金收复失地的策略。无奈张浚北伐失利，孝宗转而支持议和，主战派势力遭到打击，陆游以力劝张浚用兵的罪名被罢黜（chù）。

赋闲多年后，陆游被重新起用，不过是去偏远山城任职。此后，陆游历任四川帅府干办公事兼检法官、成都府路安抚司参议官、各州通判及代理州事、四川制置使司参议官等职。公元 1176 年，陆游因不拘礼法而罢职领宫观。

公元 1178 年，陆游因诗名日盛受到孝宗召见，但并未真正得到重用，孝宗只派他到福建、江西、浙江等地担任监司和州官。公元 1180 年，陆游提举江西常平茶盐公事。这一年春，抚州大旱。五月大雨，山洪暴发，淹没大片田地和村庄，百姓穷困潦倒。陆游密切关注灾情发展，奏请朝廷开仓赈灾。在未征得朝廷同意时，他先拨义仓粮赈济灾民，而后向江西地方官下令发粮，并到崇仁、丰城、高安等地视察灾情。此举有损朝廷利益，陆游被召返京待命。途中遭弹劾，竟以"擅权"罪名罢职还乡。

公元 1188 年，陆游被召回朝任军器少监。第二年，光宗即位，陆游改任礼部郎中。他连上奏章，劝谏朝廷减轻赋税，结果反遭弹劾，以"嘲咏风月"的罪名被再度罢官。

此后，陆游虽再度为官，但均为闲差，不受重用。公元 1210 年 1 月 26 日，陆游病逝，享年 85 岁。

陆游在政治上一直主张坚决抗战，他认为抗金恢复中原大业高于一切。虽然几遭贬黜，始终不得当权者重用，但他收复中原的爱国信念始终未被磨灭。这位爱国诗人最终未能等到"王师北定中原日"的那一天。

tiān wǎng huī huī, shū ér bú lòu

72 天网恢恢，疏而不漏

成语溯源

天之道（自然规律），不争而善胜，不言而善应，不召而自来，繟然（坦然，安然，宽舒。繟，chǎn）而善谋。天网恢恢（广大），疏而不失（漏失）。

（选自《道德经》第七十三章）

 成语释义

【天网恢恢，疏而不漏】天道像个广大的网，看上去似乎稀疏，但绝不会漏掉一个坏人。比喻作恶者逃不脱应得的惩罚。

 增量阅读

洪述祖伏法

1913 年 3 月 20 日，宋教仁遇刺，人们纷纷要求缉拿凶手。

上海地方检察厅先后抓到了嫌疑犯应桂馨、武士英，同时查获应桂馨与内务部秘书洪述祖的多封密电稿。人们初步了解到这一谋杀案的总后台是袁世凯，他指使洪述祖收买帮会头子应桂馨，应桂馨又指使凶手武士英作案。

应、武二人已在押，顺藤摸瓜，捉到元凶就很容易了。袁世凯慌了，令人在狱中毒死武士英，又把已被门徒救出的应桂馨枪杀于从北京到天津的列车中。

洪述祖闻风而逃，化名王兰亭，暂避青岛，寻求德国人的庇护。德国人认为他是杀人犯，把他扣押起来，意欲引渡。袁唯恐洪落到国民党手中，兜出他的老底，就急令内务部次长言敦源赶往青岛，将洪押往北京，"妥善"处理。洪述祖自此卸下思想包袱，化名恒如，向德国祥丰洋行借贷银两，买下警务长的一座洋房，过起公寓生活来。1916 年 6 月 6 日，袁世凯一命呜呼，刺宋案犯只剩下他一人逍遥法外。

洪述祖在青岛过了几年隐居生活，等到人们对刺宋案已渐渐淡忘以后，1917 年他绕道日本秘密回到上海，化名张皎安，赁屋在英美租界定居。此后，他的一桩债务见诸上海报端，消息不胫而走，立刻引起关心刺宋案的国民党人柏文蔚、朱执信等人的注意，遂云集孙中山的寓所开会，决定提出控诉。洪旋被收押，辗转送到北京京师地方审判庭审理。该庭三审后，判处洪述祖无期徒刑。洪述祖不服，上诉至大理院。大理院重新审理，反认为地方审判庭、高等审判庭量刑太轻，改判死刑。

1919 年 4 月 5 日，洪述祖被送上绞刑架，刺宋案最后一名案犯被正法。

增量发现

量量："天网恢恢，疏而不漏"这个成语一般用来形容作恶者难逃惩罚，终会遭到报应。但是，在《道德经》中，这个成语的意思好像和现在的意思不大一样。

增老师：没错。老子以为，无论干什么事情都要按照自然规律来，自然的规律（"天之道"），是不争斗而善于取胜（"不争而善胜"），不言语而善于回应（"不言而善应"），不召唤而自动到来（"不召而自来"），宽缓而善于筹谋（"繟然而善谋"）。自然的范围宽广无边，宽疏而不会有一点漏失（"天网恢恢，疏而不失"）。

量量：学习了这个成语，我明白了做人要存善念，行善事，特别注意不要因为善事小而不做，因为坏事小而去做。我们要约束自己，完善自我，成为一个有修养的现代人。

主题链接

还是条好汉

许多人都知道"二十年后又是一条好汉"这句俗语，却很少有人知道这句俗语是怎么来的。

很久很久以前，有个县官整天琢磨着贪财之道，却找不到名目，便让一个亲信开了家铺子，与他配合行事。想不到没捞几笔，上面就把那个亲信查了出来，判了三年。县官怕受到牵连，私下拼命向亲信保证："不会有事的，三年后你又是一条好汉！"

果然，三年后亲信一出牢房，县官马上给了他很多好处，还给他安排了个肥缺，他好不得意。

两人继续贪赃枉法。然而天网恢恢，很快这亲信又被查了出来。这回判得更重了，一判就判了五年。县官仍然向他承诺："五年后保证你又是一条好汉。"

五年后县官已经升为知府了，他给了亲信更多好处，职务也给得更高。

两人还是不思悔改，为所欲为，很快这个亲信身涉大案，被抓了个正着，由于他前科累累，臭名昭著，虽然知府极力活动，还是被判了二十年。知府再次对亲信信誓旦旦："没关系，二十年后你又是一条好汉。"

不料上面很快又查到亲信的其他罪证，数罪并罚，直接将他改判为死刑。同时，还查出了他的幕后靠山，将其一并关入狱中。

亲信不知道知府自身难保，眼看行刑日期一天天临近，他心里直骂知府忘恩负义。怎么才能既威吓知府，又不至于把事情搞砸呢？他决定在游街示众的时候大喊那句暗语。

这一天终于到来，街道上人山人海，亲信不见知府来救自己，赶紧扯着喉咙大喊："老子二十年后又是一条好汉！二十年后又是一条好汉！"

现场一片混乱，亲信还想再说什么，只听一声大喝："立即行刑！"令牌飞出，亲信晕了过去。没过多久，因罪证确凿，知府同样落得个身首异处的下场。但"二十年后又是一条好汉"一直流传到现在。

积 累 与 运 用

一、根据意思填成语。

1. 受压迫而悲愤地奋起反抗的军队一定能胜利。常用以鼓励处于劣势的一方要建立必胜的信心和勇气。（　　　　　　）

2. 穿着粗布衣服，怀中却揣着宝玉。比喻有才华而深藏不露。
　　　　　　　　　　　　　　　　　　（　　　　　　　）

3. 前进一寸，后退一尺。后用来比喻所失多于所得，进步小而退步大。（　　　　　　）

4. 天道像个广大的网，看上去似乎稀疏，但绝不会漏掉一个坏人。比喻作恶者逃不脱应得的惩罚。（　　　　　　）

二、想一想，选取本单元学过的一个成语填写在括号里。

1. 他好不容易戒了网瘾，却染上了毒瘾，真是（　　　　　　）。

2.（　　　　　　　），公安人员只用了两个小时就抓住了持枪在逃的犯人。

3. 有一点才学便自吹自擂的人遭人唾弃，（　　　　　　）的人才受人尊敬。

4. 在最后的决战中，十五万同盟军以（　　　　　　）的姿态对十倍于己的敌人发动了舍生忘死的冲击，仅一次冲锋就消灭了对方的主力。

第十九单元

俄国大文豪托尔斯泰从老子的《道德经》中学到了做人的道理，他曾在日记中写道：『做人应该像老子所说的如水一般。没有障碍，它向前流去；遇到堤坝，停下来；堤坝出了缺口，再向前流去。容器是方的，它成为方形；容器是圆的，它成为圆形。因此它比一切都重要，比一切都强。』

73 民不畏死

mín bú wèi sǐ

成语溯源

民不畏死，奈何以死惧之？若使民常畏死，而为奇（为邪作恶的行为）者，吾得执（拘押，捉拿）而杀之，孰敢？

（选自《道德经》第七十四章）

成语释义

【民不畏死】人民不畏惧死亡。形容不怕死的气概。

增量阅读

国人暴动

在成王、康王统治的时期，周朝政局比较安定。后来，由于奴隶主贵族加重剥削，加上不断发动战争，平民和奴隶的不满情绪也随之增长。周朝的统治者为了镇压人民，采用十分严酷的刑罚。周穆王的时候，制定了三千条刑罚，犯法的人受的刑罚有大辟、宫辟、刖（yuè）辟、劓（yì）辟、墨辟，俗称"五刑"。但是，刑罚再严，也阻止不了人民的反抗。

周厉王即位后，统治者对人民的压迫更重了。周厉王宠信一个名叫荣夷公的大臣，实行"专利"，他们霸占了一切湖泊、河流，不准人民利用这些天然资源谋生；他们还勒索财物，虐待人民。国人不满厉王的暴虐措施，怨声载道。

大臣召公虎听到国人的议论越来越多，进宫劝厉王："百姓忍受不了啦，大王如果不趁早改变做法，出了乱子就不好收拾了。"

周厉王满不在乎地说："我自有办法应对。"于是，他下了一道命令，禁止国人批评朝政，还从卫国找来一个巫师，要他专门刺探批评朝政的人，说："如果发现有人在背后诽谤我，你就立即报告。"

卫巫为了讨好周厉王，派了一批人到处查探。那批人敲诈勒索，随意诬告。周厉王听信了卫巫的报告，杀了不少国人。在这样的压力下，国人真的不敢在公开场合议论了。人们在路上碰到熟人，也不敢交谈，只交换眼色，就匆匆地走开。

周厉王见卫巫报告批评朝政的人渐渐少了下来，十分满意。有一次，召公虎去见周厉王，周厉王洋洋得意地说："你看，现在不是已经没有人议论了吗？"

召公虎叹了一口气，说："唉，这怎么行呢？堵住人的嘴，不让人说话，比堵住河流还要危险！治水必须疏通河道，让水流到大海；治国也是一样，必须引导百姓说话。硬堵，河流就要决口；硬堵住人的嘴，国家将要大乱呀！"

周厉王撇撇嘴，不去理他，召公虎只好退了出去。

周厉王和荣夷公的暴政越发严重。公元前841年，国人忍无可忍，终于举行了一次大规模的暴动。起义的国人围攻王宫，要杀周厉王。周厉王听到风声，慌慌忙忙带了一批人逃亡，一直逃到彘（Zhì）这个地方才停下来。

国人冲进王宫，没有搜到周厉王。有人探知太子静逃到召公虎家躲了起来，又围住召公虎家，要召公虎交出太子。召公虎无可奈何，只好把自己的儿子冒充太子送了出去，这才把太子保护了起来。

周厉王出走后，经大臣们商议，由召公虎和另一个大臣周公主持贵族会议，暂时代替周天子行使职权，历史上称为"共和行政"。共和行政维持了十四年之后，周厉王在彘去世，周宣王即位。周宣王在政治上比较开明，得到诸侯的支持。但是，经过这一场国人暴动，周朝已经外强中干，兴盛不起来了。

增量发现

量量：增老师，老子说，人民不畏惧死亡（"民不畏死"），为什么用死亡来恐吓他们（"奈何以死惧之"）？我不理解，百姓怎么就不怕死呢？

增老师：因为在残暴的统治下百姓生不如死，既然随时可能是死，倒不如冒着生命危险去保护生命。老子在后文中进一步说明了人民是不怕死的，如果使人民真的畏惧死亡（"若使民常畏死"），对于为邪作恶的人（"而为奇者"），我们就可以把他抓起来杀掉（"吾得执而杀之"），谁还敢为非作歹（"孰敢"）？老子告诉为政者要实行仁政，善于听取百姓的意见。这句话是老子对于当时严刑苛政迫使百姓走向死亡的批判。

主题链接

秉笔直书

战国时代，齐国的国王齐庄公（名光）被相国崔杼（zhù）杀害了。

崔杼串通几个人立齐庄公兄弟为国君，自己独揽大权。崔杼叫太史伯记录这件事，说："你要写先君因疾病而亡。"太史伯听了崔杼的话，严肃地说："按照事实书写历史是太史的本分，哪能捏造事实、颠倒是非呢？"崔杼没想到一个史官无权无势，只凭着一支笔，却敢和自己作对，就厉声问："那你打算怎么写呢？"太史伯说："我写给你看吧。"

等他写好，崔杼拿过竹简一看，上面写着："夏五月，崔杼谋杀国君光。"崔杼大怒，呵斥道："你长着几个脑袋，敢这么写？"太史伯说："我只有一个脑袋，如果你叫我颠倒是非，我情愿不要这个脑袋。"崔杼一怒之下把太史伯杀了。

太史伯的弟弟仲接替了哥哥的职位。他把自己写的竹简呈给崔杼，上书："夏五月，崔杼谋杀国君光。"崔杼一看，气得说不出话来。他想不到天下竟有这样不怕死的一家人，怒问："你难道没看见你哥哥的下场吗？"太史仲面不改色，冷笑着回答："太史只怕不忠实，可不怕死。你就算把我也杀了，难道还能把所有人都杀了吗？"崔杼不再说话，吩咐手下斩杀太史仲。接着，第三个太史还是不屈服，也被崔杼杀了。

崔杼一连杀了三位太史，心里很恐慌。等到太史季上任，崔杼把他写的竹简拿来一看，上面还是那句话。崔杼问："你不爱惜性命吗？"太史季说："我当然爱惜性命。但要是贪生怕死，就失了太史的本分，不如尽了本分，然后去死。您也要明白，就是我不写，天下还有写的人。您只能不许我写，却不能改变事实。您越是杀害太史，越显示您心虚。"崔杼叹了一口气，只好作罢。

太史季拿着写好的竹简从崔杼那儿出来，路上碰见南史氏抱着竹简和笔迎面走来。南史氏对太史季说："听说三位太史都被杀了，我怕你也保不住性命，是准备来接替你的。"太史季把写好的竹简给他看，南史氏才放下心，回去了。

74 损有余补不足
sǔn yǒu yú bǔ bù zú

成语溯源

天之道，其犹（如同，像）张弓与？高者抑（压低）之，下者举之；有余者损之，不足者补之。天之道，损有余而补不足。人之道（社会的一般法则），则不然，损不足以奉有余。

（选自《道德经》第七十七章）

成语释义

【损有余补不足】指减损多余的，补充不足的。

增量阅读

晏子谏景公

齐景公在位时，雪下了三天不停。景公披着白狐狸皮袄，坐在高堂侧面的台阶上，他说："怪呀！下了三天雪，天却不冷。"晏子就用古代贤君"饱而知人之饥，温而知人之寒，逸而知人之劳"的话来开导他，意思是说古代的贤君，自己饱了知道有人挨饿，自己暖和知道有人挨冻，自己安逸知道有人辛劳。此"三知"表达了爱民恤民的思想。

齐景公听了晏子这番话后，下令拿出宫中的毛皮衣服，打开宫中的粮仓，把衣食送给受冻挨饿的人，并下令在道上看到饥寒的人就给，不必问哪个乡的；在街头巷尾看见就给，不必问哪一家的；在国中巡视统计数目，不必问名字，有职业的男子送两个月的粮食，生病的送两年的粮食。孔子听到这件事后，称赞道："晏子能阐明他的愿望，景公能实行他认识到的德政，真是太好了。"

"权有无，均贫富"是中国古代政治家和理财家提出的有关均衡社会财富分配的思想。这一思想，既涉及对基本生产资料的分配，又包括对消费资料的分配，内容比较丰富，所提出的均贫富措施，在隋唐以前多侧重于改革土地分配方面的研究，隋唐以后则着重于对均平赋役的研究，都有一定的积极意义。

增量发现

量量：增老师，我想试着解释这段话的意思，您看看我的解读是否准确。自然的规律（"天之道"），不就像拉开弓弦一样吗（"其犹张弓与"）？弦位高了就把它压低（"高者抑下"），弦位低了就把它升高（"下者举之"）；

有余的加以减损（"有余者损之"），不足的加以补充（"不足者补之"）。自然的规律（"天之道"），减少有余以补充不足（"损有余而补不足"）。人世间的行径（"人之道"），就不是这样（"则不然"），剥夺不足来供奉有余的人（"损不足以奉有余"）。

增老师：量量进步真大，理解得完全正确。这一章表达了老子平等与均衡的社会思想。人世间富贵人家不劳而获，权势人物横征暴敛，可"朱门酒肉臭，路有冻死骨"，社会贫富差距越来越悬殊，这种"损不足以奉有余"的人之道让老子深感失望，所以他提出了"损有余补不足"的"天之道"，即减少有余的补给不足的。

量量：增老师，损有余补不足的思想很可贵，今天看来，可以让我们联系到环境保护和可持续发展。比如，自然界要保持生态平衡，就必须控制污染。

增老师：没错。自然的均衡发展、人类社会的和谐发展，都需要找一个适度的平衡点。可是在封建社会，人世间"损不足以奉有余"的故事却是不胜枚举啊！

主题链接

卖炭翁的遭遇

唐朝大诗人白居易的《卖炭翁》讲了这样一个故事：有位卖炭的老翁，在南山砍柴烧炭。他满脸灰尘，显出烟熏火烤的颜色，两鬓头发灰白，十个手指也被炭染得很黑。卖炭所得的钱用来干什么？买身衣裳和食物。可怜他身上只穿着单薄的衣服，冻得直发抖，却担心温度还不够低，炭卖不出去。夜里城外下了一尺厚的大雪，清晨，老翁驾着炭车碾压冰冻的车轮印，往集市的方向行去。牛都疲乏了，人饿了，但太阳已经升得很高了，老翁就在集市南门外泥泞中休息。前面两位轻快洒脱的骑马人是谁？是皇宫内的太监的爪牙。他们手里拿着文书，却说是皇帝的命令，然后拉转车头，大声呵斥着牛往北面拉去。一车炭，有千斤重，宫里的使者们硬是要赶着它走，卖炭翁舍不得，却又不能要回。宫里的使者们将半匹纱和一丈绫，往牛头上一挂，当作炭的价格。

诗人通过卖炭翁这个典型形象，描绘了唐代劳动人民的辛酸和悲苦，通过卖炭这一件小事反映出了当时社会的黑暗和不平。

读着这首诗，我们所看到的绝不仅仅是卖炭翁一个人，透过他，仿佛有许许多多种田的、打鱼的、织布的人出现在我们眼前。他们虽然不是"两鬓苍苍十指黑"，但也各自带着劳苦生活的印记；他们虽然不会因为卖炭而受到损害，但也各自在田租或赋税的重压下流着辛酸和仇恨的泪水。这就是统治阶级对劳动人民的残酷剥削。

75 以柔克刚
yǐ róu kè gāng

成语溯源

> 天下莫柔弱于水，而攻坚强者莫之能胜，以其无以易（替代，取代）之。弱之胜强，柔之胜刚，天下莫不知，莫能行。
>
> （选自《道德经》第七十八章）

成语释义

【以柔克刚】避开锋芒，用缓和、弹性的方式去战胜刚强的对手。

增量阅读

老子与学生

老子有一次讲学，问他的学生："是小草强大还是大树强大？"

学生说："大树强大。"

老子又问："那大风来了是小草先倒还是大树先倒？"

学生说："大树先倒。"

"那么，为什么强大的树在大风来时最先倒下呢？"

学生沉默不语。

"大树以自己的强大去抗衡比它更强大的风,结果只能是拦腰折断或者被刮倒;而小草看似柔弱,实则灵活,风进它退,风过去了,它又恢复了原来的样子。"

学生们点点头。

老子又问:"是牙齿坚硬还是舌头坚硬?"

学生说:"牙齿比较尖利。"

老子说:"我这个年龄,牙齿不在了,舌头犹存。这又是为什么呢?"

学生们若有所悟,其中一个说:"在岁月无情的侵袭下,表面坚硬的牙齿以硬碰硬,所以就渐渐损坏脱落;而柔软的舌头,利用了灵活的特性,所以就生存下来了。"

老子接着说:"你们要牢记弱之胜强、柔之胜刚的道理呀!"

增量发现

量量: 以柔克刚、以弱胜强、以小胜大,其实说的是一种智慧,其中包含了一种坚忍不拔的内在品质。

增老师: 对,世间没有比水更柔弱的("天下莫柔弱于水"),而攻坚克强没有什么东西可以胜过水("而攻坚强者莫之能胜"),因为没有什么可以代替它("以其无以易之")。弱胜过强("弱之胜强"),柔胜过刚("柔之胜刚"),天下没有人不知道("天下莫不知"),但是没有人能实行("莫能行")。

量量：我们处理复杂的问题时，可以采用以柔克刚的方法，不要一味地硬碰硬，有时候用迂回、弹性的策略更加有效。

 主题链接

鞋匠林肯

林肯出身于一个鞋匠家庭，而当时的美国社会非常看重门第。林肯竞选总统前夕，在参议院演说时，遭到了一个参议员的羞辱。

那位参议员说："林肯先生，在你开始演讲之前，我希望你记住你是一个鞋匠的儿子。"林肯看看他，并没有表现出愤怒的样子，而是深沉地说："我非常感谢你使我想起我的父亲，他已经过世了，我一定会永远记住你的忠告，我知道我做总统无法像我父亲做鞋匠做得那么好。"

听了林肯这一席话，参议院陷入了一片静默，林肯又转头对那个傲慢的参议员说："就我所知，我的父亲以前也为你的家人做过鞋子，如果你的鞋子不合脚，我可以帮你改正它。虽然我不是伟大的鞋匠，但我从小就跟随父亲学到了做鞋子的技术。"然后，他又对所有的参议员说："对参议院的任何人都一样，如果你们穿的哪双鞋是我父亲做的，而它们需要修理或改善，我一定尽可能帮忙。但是有一件事是可以肯定的，我无法像他那么伟大，他的手艺是无人能比的。"说到这里，林肯流下了眼泪，而所有的嘲笑都化成了真诚的掌声。

76 <ruby>天<rt>tiān</rt></ruby> <ruby>道<rt>dào</rt></ruby> <ruby>无<rt>wú</rt></ruby> <ruby>亲<rt>qīn</rt></ruby>

成 语 溯 源

有德司契（掌握契据。契，qì），无德司彻（掌管税收）。天道无亲（没有偏爱），常与善人。

（选自《道德经》第七十九章）

成语释义

【天道无亲】天道公正，不偏不倚。

增量阅读

天道无亲 常与善人

清朝人许画山在自己的文集中记载了一个真实的故事。

据说有个人积恶两世，居然成了进士。在家中等候补缺时，他想到自己一生的所作所为开始后悔，于是决心从此改恶迁善。第二年，此人双目失明了，他愤怒地说："我积恶能科举登第，积善却双目失明，上天不想让我做好人啊。"从此他便作恶如初，又找医生将自己的双目医治好了。此人一直以文才而自傲，自从眼睛失明后就不得不放弃了。现在他眼睛复明，又开始故态复萌，没想到不久就因为写了篇诽谤之词而被处以死刑，这一天是乾隆甲寅（公元 1794 年）四月十一日。

当时有人评价这个人："当他及第时，那是灾祸的开始啊；当他双目失明时，那是福要来临了。上天以双目失明惩罚他以前的恶行，他却不悟，最终拿自己的性命替代了双目失明。"

有的人做了坏事没立即遭到报应，就以为报应是不存在的，有的人做了一点好事没立即得到善报，就认为上天不公，就像这个人那样目光短浅，只知怨天尤人，最终害了自己。

增量发现

量量：增老师，老子这段话的意思很耐人寻味，您能为我详细解读一下吗？

增老师：有德之人就像持有借据的圣人那样宽容（"有德司契"），无德之人就像掌管税收的人那样刁诈苛刻（"无德司彻"）。自然规律（对任何人都）没有偏爱（"天道无亲"），永远帮助有德的善人（"常与善人"）。

量量：上天对待每个人都是公正的，我们应该怀善心，行善事，不断提升自己的道德修养，这样才能得到上天的帮助。

主题链接

道士与妇人

从前，有一个道士精通风水术数，常四处云游。

一天，天气特别热，他饥渴难耐。走了很久，好不容易看到一户人家，他急忙走了进去，看见一个农妇正在喂猪。他过去拱手道："劳烦您给点水喝。"

妇人见他风尘仆仆，汗流浃（jiā）背，笑着说："不难，不难。"她回头用水瓢盛了一瓢水，又顺手将喂猪的米糠放了几粒到水里。

看到她放米糠，道士极其不悦，心想："我不过是讨一碗水喝，怎么还把我当成猪了，这个妇人太可恶了。"可是实在是太渴了，管不了那些了，他接过瓢，恨不得一口全喝掉，可那漂浮的米糠老要进到嘴里，所以他不得不边吹边喝。喝完后，道士心想："我得教训教训这个妇人。"于是，他对妇人说："我会看风水，你不想看看吗？"

妇人一听，喜笑颜开地说道："不瞒你说，我家正准备盖房子，那就劳烦您给看个风水宝地吧。"

道士四处观察了一番，他发现一个废弃的庙，于是指着这个地方对妇人说："这是一块宝地，房子盖在这里，保证你家的日子蒸蒸日上。"

妇人听了喜出望外，对道士千恩万谢。可她哪里知道这是大凶之地，因为这座庙是孤魂野鬼待的地方，道士之所以选这样一个地方，就是为了教训教训妇人。

十年后，一个偶然的机会，道士又来到了这个地方。令他惊奇的是，妇人家的日子不但没有衰落，反而过得红红火火，他非常不解。

妇人把他请到家里盛情款待。席间，妇人对道士有说不尽的感激，她说她家不但日子过得好，还添了两个儿子。她唤出两个儿子，一名曰大判官，一名曰二判官。

听到两个孩子的名字后，道士突然明白为什么这家人会过得这么好了，因为两个孩子的名字镇住了这大凶之地，并使它变成了大福之地。

最后，他忍不住问了困惑他十年的问题，他问妇人："当初你为什么要在我喝的水里放米糠？"妇人笑着说："因为当时看你大汗淋漓，怕你喝水太快伤了心肺，加点米糠你就喝不快了。"

道士汗颜，说道："一念善心神鬼难犯，岂人力所能为啊！"

这真是天道无亲，常与善人啊！

积 累 与 运 用

一、根据意思填成语。

1. 减损多余的，补充不足的。（　　　　　　　）

2. 天道公正，不偏不倚。（　　　　　　　）

3. 人民不畏惧死亡。形容不怕死的气概。（　　　　　　　）

4. 避开锋芒，用缓和、弹性的方式去战胜刚强的对手。（　　　　　　　）

二、想一想，选取本单元学过的一个成语填写在括号里。

1. 慈善家资助贫困山区的儿童，便是一种（　　　　　　）的行为。

2. （　　　　　　），何以惧之？统治者的暴政终会被人民推翻的。

3. （　　　　　　），上帝在关上一扇窗时，一定会为你打开一扇门。

4. 你别看他那么凶，你只要温柔地对待他，就能（　　　　　　），
　　他一定会听你的劝告。

德国哲学家尼采曾称赞老子的《道德经》：『像一个永不枯竭的井泉，满载宝藏，放下汲桶，唾手可得。』德国哲学家海德格尔被誉为二十世纪最伟大的哲学家之一。《环球时报》2004年1月16日载文称：『海德格尔更是被认为是最直接地从《道德经》中吸取了老子的思想资源。』

77 小国寡民
xiǎo guó guǎ mín

成 语 溯 源

小国寡民。使（即使）有什伯之器（各种各样的器具。什伯，shí bǎi）而不用；使民重死（重视死亡）而不远徙（xǐ，迁徙、迁移）。

（选自《道德经》第八十章）

成语释义

【小国寡民】国家小，人民少。后常用作谦辞。也指不大的地区，不多的居民。

增量阅读

陶渊明和《桃花源记》

陶渊明在《桃花源记》中讲述了一个故事：晋朝太元年间，武陵一个渔夫偶然穿过桃林尽头的一个山洞，发现了世外桃源。这里土地平坦开阔，房屋整齐有序。有肥沃的田地、美丽的池塘，以及桑树、竹林之类。田间小路交错相通，鸡和狗的叫声可以互相听闻。人们在田野里来来往往耕种劳作，男男女女的穿着与桃花源外的人一样。老人和小孩都十分悠闲，各得其乐。这里没有世间的纷扰与战乱，他们自称祖先是躲避秦朝的战乱而来此地，就再也没出去过了。渔夫在桃花源住了几天就离开了，并沿途做了记号，告知当地太守。但无论是太守派的人，还是后来像南阳刘子骥那样的名士，想再次寻找这个世外桃源，却再也找不到了。

陶渊明生活在东晋的分裂崩亡时期，社会矛盾尖锐，兵荒马乱，民不聊生。面对这些惨痛的现实，陶渊明越来越坚定自己归隐的信念，不断构思理想的生活图景。《桃花源记》就是他根据老子关于"小国寡民"的思想，绘出的理想社会图：环境优美，民风淳朴，怡然自乐。在这样的理想社会，没有君主，没有战乱，没有贫穷，没有欺诈。人们淳朴厚道，和睦相处，过着自食其力、康乐幸福的生活。这个桃花源的构想，反映了人民群众对于和平宁静幸福美好生活的向往，也体现了人民群众对黑暗社会的抗议和憎恨。写桃花源里的安乐，正是要说明现实社会给人民带来了无穷的灾难。陶渊明因为自己的理想、抱负已在现实生活中破灭了，而又耳闻目睹了人民群众的苦难和愿望，才写出了这篇划时代的杰作。

增量发现

量量：增老师，老子为什么提出小国寡民的理念呢？老子这段话又是什么意思呢？

增老师：老子说，国土狭小而人民稀少（"小国寡民"）。即使有各种各样的器具也不使用（"使有什伯之器而不用"）；使人民重视死亡而不向远方迁徙（"使民重死而不远徙"）。小国寡民其实是老子描绘的理想社会。

量量：古代统治者不都希望领土越大越好，百姓越多越好吗？老子为何反其道而行之，提出小国寡民的理想社会模式呢？

增老师：老子生活在动荡不堪的春秋时代，那时诸侯之间不断掀起战争，生灵涂炭，人民的生命财产受到极大的损害。与此同时，统治者骄奢淫逸，生活糜烂，残酷地压榨人民的血汗，百姓备受煎熬。老子面对时弊思考着救国救民的良策，在老子看来，人类社会的发展也应该遵循"道"的规律。原始社会，圣人无为而治，民风淳朴，百姓无私无欲，纷争不起。到了老子生活的时代，君主大颁政令，人们争名逐利，战乱不已。所以，他提出小国寡民的理想社会模式，借此吐露"反对战争、渴求和平"的心声。

主题链接

吴越纳土归宋

吴越国是五代十国时期的十国之一，由钱镠（liú）于公元907年建立，都城为钱塘（今杭州）。吴越国强盛时拥有十三州疆域，全盛时其范围包括今浙江全境、上海全境、苏州全境和福建福州。吴越国历三代五王，至公元978年纳土归宋，历时近百年。

唐末五代藩镇割据，战乱频繁，吴越国因地狭兵少，以侍奉中原大国，尊奉中原正朔为国策。唐亡之前，钱镠向唐朝称臣；在朱温篡唐建梁以后，他又向后梁称臣；后唐灭梁以后，钱镠又向后唐称臣，不仅得到了吴越国王、天下兵马都元帅的头衔，而且还得到了玉册金印。凭此，钱镠有效地防御了周边割据势力对吴越国的侵扰。

当时，钱镠一面向中原称臣，一面自为小朝廷。他采取保境安民和"休兵息民"的战略方针，重农桑、兴水利，加强与日本、朝鲜等国交往，使两浙之地有一个较长的稳定发展时期。钱镠最难能可贵的是他的"民本"思想。他常说："民为社稷之本。民为贵，社稷次之，免动干戈即所以爱民也。"他不仅自己不称帝，还反对强藩称帝。他谆谆教诫子孙要恪守臣节，要度德量力而识时务，如遇真主，宜速归附。

公元975年，宋太祖赵匡胤消灭了南唐，十国之中仅剩吴越国。当时吴越王钱弘俶（chù）审时度势，遵循祖宗武肃王钱镠的遗训，以天下苍生安危为念，为保一方生民，采取"重民轻土"的善举，毅然于公元978年入京都开封纳土归宋，成就了一段顾全大局、中华一统的历史佳话。

由此，吴越国的生产免遭破坏，人民也免遭生灵涂炭，从而稳定和巩固了中国和平统一的政治局面。北宋著名诗人苏轼曾评说："其民至于老死，不识兵革，四时嬉游，歌鼓之声相闻，至今不废，其有德于斯民甚厚。"吴越钱氏为中国的和平统一提供了范例。千年前的古人具有这样的历史远见和宏大胸怀，实属不易。

78 安居乐业

ān jū lè yè

成语溯源

甘其食，美其服，安其居，乐其俗。

（选自《道德经》第八十章）

成语释义

【安居乐业】安定地生活，快乐地工作。形容生活、生产、思想状况安定正常。

增量阅读

唐太宗以民为本

唐贞观二年（公元628年），唐太宗对侍臣说："凡事必须致力于根本，国家以人民为根本，人民以衣食为根本。凡经营衣食，以不失农时为根本，要不失农时，只有皇帝不苛烦百姓才能办到。如果战争不断，营建不停，而想不侵占农时，这办得到吗？"

王珪（guī）回答说："从前秦始皇、汉武帝，都对外大肆发动战争，在内则大修华丽宫室，人力都已耗尽，灾难便发生了。他们难道不想安定人民吗？根本在于失掉了用来安定人民的办法。隋朝灭亡的教训，我们应该引以为戒，现在陛下亲身感受到了隋朝的弊病，也知道了用什么办法去改变。然而，往往事情开始做起来很容易，可要想坚持到底就困难多了。但愿陛下能从始至终都小心谨慎，只有这样才能达到最美好的境地。"

唐太宗说："你说得很对，要想使人民和国家安宁，难在国君。国君没有什么贪求，顺应自然，人民就会安居乐业；国君的欲望太多，人民就会受苦。这就是我之所以抑情少欲，约束并勉励自己的原因啊！"

唐太宗不仅这样说，他还身体力行，留下了许多为民着想的故事：贞观二年，京城长安大旱，蝗虫四起。唐太宗视察了解粮食损失情况，看到有蝗虫在禾苗上面，捉了几只念念有词道："百姓把粮食当作身家性命，而你吃了它，这对百姓有害。百姓若有罪，那些罪过也全部源于我，你如果真的有灵的话，你就吃我的心吧，不要再害百姓了。"说完，唐太宗要将蝗虫吞下去。周围的人忙劝道："恐怕吃了要生病的！不能吃啊！"唐太宗说道："我真希望它把给百姓的灾难移给我一个人！为什么要逃避疾病呢？"说完，马上就把蝗虫吞了。从此，蝗虫居然真的就不再成灾。

因为唐太宗治理国家期间首先想到的是人民，忧虑的是民生，所以他在位期间国泰民安，社会安定，经济发展繁荣，军事力量强大，开创了唐朝的盛世局面。后人称他在贞观年间的统治为"贞观之治"。

增量发现

量量：太平盛世的标志就是（人民）有甜美的饮食（"甘其食"），美丽的衣服（"美其服"），安适的居所（"安其居"），欢乐的习俗（"乐其俗"），对不对？

增老师：说得很对。老子对当时的社会现状不满，于是在当时的农村生活基础上构筑了一个"桃花源"式的乌托邦。在那里，没有战乱，没有苛捐杂税，人民淳朴善良，自给自足，自得其乐。

量量：这样的生活确实很美好。我想，在古代只要没有战乱，老百姓就有可能过上安定富裕的生活。我们现在就处在这样的环境中，所以更要珍惜来之不易的幸福生活。

主题链接

文景之治

汉初，因多年战乱导致社会经济凋敝，朝廷推崇黄老治术，采取"轻徭薄赋""与民休息"的政策。

汉文帝二年（公元前178年）和十二年（公元前168年）分别两次"除田租税之半"，文帝十三年（公元前167年），还全免田租。同时，对周边敌对国家也不轻易出兵，维持和平，以免耗损国力。这就是轻徭薄赋的政策。

汉文帝生活十分节俭，宫室内衣服没有增添，衣不曳地，车类也没有添，帷帐不施文绣，更下诏禁止郡国贡献奇珍异物。因此，国家的开支有所节制，贵族官僚不敢奢侈无度，从而减轻了人民的负担。这就是休养生息的政策。

文景二帝还重视农业，曾多次下令劝课农桑，根据户口比例设置三老、孝悌、力田若干人员，并给予他们赏赐，以鼓励农民生产。

奖励努力耕作的农民，劝解百官关心农桑。每年春耕时，他们亲自下地耕作，给百姓做榜样。

文景时期，重视"以德化民"，当时社会比较安定，百姓也迅速地富裕起来。到景帝后期时，国家的粮仓丰满起来了，府库里的大量铜钱多年不用，以至于穿钱的绳子烂了，散钱多得无法计算。

随着生产日渐得到恢复并且迅速发展，出现了汉朝多年未有的稳定富裕的景象。人民的生活水平得到了很大程度的提高，同时汉朝的物质基础大大增强，是封建社会的第一个盛世。

79 老死不相往来
lǎo sǐ bù xiāng wǎng lái

成语溯源

邻国相望，鸡犬之声相闻，民至老死，不相往来。

（选自《道德经》第八十章）

成语释义

【老死不相往来】原形容自给自足、不与外界来往的生活。后形容彼此隔绝，互不联系。

增量阅读

郑和下西洋

永乐三年（公元 1405 年）六月，郑和第一次下西洋，顺风南下，到达爪哇（Zhǎowā）岛上的麻喏（nuò）巴歇国，即今印度尼西亚爪哇岛。爪哇岛为南洋要冲，人口稠密，物产丰富，商业发达。

当时，这个国家的东王、西王正在打内战。东王战败，其属地被西王的军队占领。郑和船队的人员上岸到集市上做生意，被占领军误认为是来援助东王的，被西王麻喏巴歇王误杀，计一百七十人。郑和部下的军官纷纷请战，说将士的血不能白流，急于向麻喏巴歇国宣战，予以报复。

"爪哇事件"发生后，西王十分惧怕，派使者谢罪，自愿赔偿六万两黄金。郑和第一次下西洋就出师不利，而且又无辜损失了一百七十名将士，按常情必然会引发一场大规模战争。然而，郑和得知这是一场误杀，又鉴于西王诚惶诚恐，请罪受罚，于是禀报朝廷，化干戈为玉帛，和平处理了这一事件。明王朝决定放弃对麻喏巴歇国的赔偿要求，西王知道这件事后，十分感动，两国从此和睦相处。

在郑和七下西洋的二十八年中，真正意义上的对外战争仅有锡兰（今斯里兰卡）一次，而且是被迫无奈时的防卫性作战。郑和在处理"爪哇事件"时，不动用武力，充分体现了郑和是传播和平的使者，他传播的是"以和为贵"的中国传统礼仪，以及"四海一家""天下为公"的中华文明。

 **增量发现**

量量：由"鸡犬之声相闻，老死不相往来"这句话，我联想到了一个词语"鸡犬相闻"，这个词和"老死不相往来"经常连用。可是，老死不相往来的本义和今天的意思却大不相同。我们现在说这个词，常常带有贬义，好像是讽刺那些故步自封、孤芳自赏的人。

增老师：没错，老死不相往来在《道德经》中指的是自给自足的生活。老子的意思是：邻国之间可以互相看得见（"邻国相望"），鸡鸣狗吠的声音可以互相听得见（"鸡犬之声相闻"），人民从生到死，互相不往来（"民至老死，不相往来"）。在古代，不仅道家有他们的理想社会，儒家也有他们的理想社会，不如我们来比较一下吧！

主题链接

中国古代的理想社会

一、儒家的"大同社会"。中国古代的理想社会观源远流长，早在春秋战国时代，以孔子为代表的儒家学派就已经提出"大同"社会观，在我国历史上有着深远的影响。《礼记·礼运》中说：在大道施行的时候，天下是人们所共有的，把有贤德、有才能的人选出来为大家办事，人人讲求诚信，崇尚和睦。因此，人们不单奉养自己的父母，不单抚育自己的子女，而且要使老年人能终享天年，中年人能为社会效力，幼童能顺利地成长，使老而无妻的人、老而无夫的人、幼年丧父的孩子、老而无子的人、残疾人都能得到供养。男子要有职业，女子要及时婚配。物质资料，就担心它丢弃在地上得不到合理利用，倒不一定收藏到自己家里；智力体力，就担心它不能从自身发挥出来，倒不一定为了个人利益而发挥。这样一来，就不会有人搞阴谋，不会有人盗窃财物和兴兵作乱，家家户户都不用关大门了。这就叫作"大同"社会，也是孔子心中的理想社会，他描绘了一个不分彼此、各得其所、没有争斗的和谐社会。这种"天下为公""选贤举能"的社会，是儒家学者津津乐道的理想社会，他们称之为"大同之世"。

二、道家的理想社会。老子的理想社会是"小国寡民"。《道德经》八十章中说：国家小点，人少点，有武器而不用，让人民对生命看得重要，而不去迁徙远方；虽然有车船，没有人去乘；虽然有部队，而不用来列阵打仗；让民众过着像结绳记事那样简单的生活。吃穿舒服，安居乐业，相连着的国家相去不远，而民众不相往来。

《庄子》一书，也描绘了庄子心中的理想社会模式。《庄子·马蹄篇》中说：在大德昌盛的时代，人们做事缓慢持重，人的神态都是自然得意的。那时候，山岭上没有栈路也没有隧道，水面上没有船只也没有桥梁；万物共生，比邻而居；鸟兽成群结队，草木自由自在、连成一片地茁壮生长。庄子的"至德之世"，没有政治与道德规范的约束，它是一种原始的、自然的、亲切的生活状态，没有生活的负累，更没有政治、战争，人的精神世界是原始的、朴实无华的。

三、世外桃源。东晋文学家陶渊明的《桃花源记》描写了一个美好的世外仙界，勾勒了一个自然、健康、快乐的世外桃源："土地平旷，屋舍俨然，有良田、美池、桑竹之属，阡陌交通，鸡犬相闻。其中往来种作，男女衣着，悉如外人。黄发垂髫（tiáo），并怡然自乐。"在那儿，一切都是那么单纯，那么美好。没有税赋，没有战乱，没有沽名钓誉，没有钩心斗角，甚至连一点吵吵嚷嚷的声音都听不到。人与人之间的关系也是那么平和，那么和谐。

当然，这种理想的境界在当时是不存在的，只是作者通过大同社会的构想，艺术地展现了大同社会的风貌，是不满黑暗现实的一种精神寄托。这与陶渊明多年的躬耕和贫困的生活体验有关。虽然桃花源只是空想，但能提出这个空想是十分可贵的。

80 měi yán bú xìn 美言不信

成语溯源

信言（真话，肺腑之言）不美，美言（华美的言辞）不信。

（选自《道德经》第八十一章）

成语释义

【美言不信】华美的话语、文章，内容往往不真实。

增量阅读

敢于直言的魏徵（zhēng）

魏徵很小的时候父亲就去世了，家里很穷，但他却喜欢读书，掌握了广博的知识，后来又出家当过道士。隋朝末年农民起义风起云涌，他先后参加李密瓦岗军和窦建德起义军，后来又给李建成当谋士，李建成被杀后，他又因直言敢谏，受到唐太宗的重用。

有一次，唐太宗根据右仆射（掌管奏章文书的官员）封德彝（yí）的建议，决定十八岁以上身体强壮还没有服役过的男子都要去当兵。但魏徵不同意。因为按照当时的规定，皇帝的敕（chì）令要由谏议大夫签名才能生效。

唐太宗问他："你不同意这样做，有什么理由？"

魏徵回答："臣作为谏议大夫，有义务向陛下指出，这样做违背了治国安民的方针。我朝开国后即立下'男子二十岁当兵，六十岁可免'的规定，怎么能随便改变呢？"

唐太宗非常生气，大声斥责道："你太固执己见！"

魏徵毫不退让，语重心长地说道："陛下！把河水放光捕鱼，确实能捕到许多鱼，但明年就没有鱼了；把森林烧了打猎，确实会打到许多猎物，但明年就没有野兽了。如果让十八岁以上身体强壮的男子都去当兵，今后国家的税赋徭役去向谁要呢？"

唐太宗这才幡然醒悟，收回了命令。

有时候，唐太宗还会和魏徵一起讨论一些问题。比如，他曾问魏徵："历史上有过这么多帝王，为什么有的明智，有的昏庸？"

魏徵回答道："能够多听听各方面意见的帝王，通常比较明智；一意孤行、只听单方面意见的帝王，难免就会昏庸。"

有个大臣叫郑仁基，女儿长得美丽又有才华，皇后要把她收为唐太宗的嫔妃。当册封的诏书写好后，有人说了一句："她不是已经与人订婚了吗？"

魏徵知道后，就向唐太宗进谏道："陛下住着亭台楼阁，就应该希望百姓有安身的房子；陛下吃着山珍海味，就应该希望百姓有充足的食物；陛下看着众多嫔妃，就应该希望百姓有称心的婚姻。现在陛下把已经与人订婚了的女子夺过来，这怎么符合人家父母的心意呢？"

唐太宗听了这番话，马上取消了册封。

当魏徵患病去世后，唐太宗罢朝五天，亲自登上御苑西楼，遥望魏徵逝世之处寄托哀思。他沉痛地说："用铜做镜子，可以端正衣帽穿戴；以历史作为镜子，可以知道国家兴亡的原因；以人作为镜子，可以明白自己的行为是否正确。现在魏徵去世了，我失去了一面镜子。"

当然，魏徵能在初唐的政治舞台上发挥巨大作用，与唐太宗闻过则喜、从谏如流的气度分不开。

增量发现

量量：我们常常喜欢听美言，从魏徵敢于直言的故事中，我发现老子的思想很有道理，那就是真实的言辞不华美（"信言不美"），华美的言辞不真实（"美言不信"）。

增老师：量量，你听过这样的名言吗？"良药苦口利于病，忠言逆耳利于行""兼听则明，偏信则暗"，它们都揭示了美言不一定真实的道理。

量量：我听过这样一个故事：齐宣王喜欢听好话，其实他用的不过是三百多斤的弓，但是他一直都以为自己拉开了一千多斤的弓。三百多斤是实，一千多斤是名，齐宣王喜欢名而失去了实。

增老师：所以我们在和别人交流时，不仅要用耳朵听，还要用心想，多问几个为什么，这样就能少犯错误。

美言不可信

一天，李耳从田间归来。在村头，他看见人们正围着一个卖牡丹的看热闹，只听那卖牡丹的拿着牡丹根喋（dié）喋不休地夸赞："众人听好，我这牡丹不同于一般的牡丹，它栽到土里，来年就能开出好看的牡丹花。这牡丹花也非一般的牡丹花所能比，不仅花儿好看，香气扑鼻，它的香味还能治病呢！"他看众人听得入迷，就更加起劲地炫耀，还说出了一段顺口溜："一朵牡丹放红光，光彩照人满院香。香花足有盆口大，大人小孩都沾光。"

李耳在一旁听得入迷，立马回家取钱买回牡丹根。他把牡丹根栽到自家院子里，每天按时浇水，精心照料。不久，牡丹果然发了芽，可就是不开花。

有一天，村里一位常在山里采药的老伯到李耳家串门，李耳指着牡丹说："大伯，我去年买的这棵牡丹都长这么高了，不知为何就是不见开花。"

那老伯蹲下身子，仔细看了看，哈哈一笑说："这哪儿是牡丹，这就是后山上的狗尿蒺（jí）子树。"

第二年春天，村里又来了一个卖牡丹根的。李耳上前问道："你这是牡丹根还是狗尿蒺子？"那人抬头瞪了李耳一眼，没好气地说："爱买不买！"李耳见这人脾性大，心想买一棵试试。

李耳把牡丹根栽在院子里，那牡丹不几天就发了芽，一个月后长得像小树一样，不久便开了一朵碗口大的花朵。李耳高兴极了，逢人就讲买牡丹根的事，他说："两个卖牡丹根的，一个说得天花乱坠，卖的却是假的；一个笨口拙舌，像不会卖东西一样，卖的却是真的。"

通过这件事，李耳领悟到"信言不美，美言不信"的道理。

积 累 与 运 用

一、根据意思填成语。

1.安定地生活，快乐地工作。形容生活、生产、思想状况安定正常。

（　　　　　　）

2.华美的话语、文章，内容往往不真实。（　　　　　）

3.原形容自给自足、不与外界来往的生活。后形容彼此隔绝，互不联系。（　　　　　）

4.国家小，人民少。后常用作谦辞。（　　　　　）

二、想一想，选取本单元学过的一个成语填写在括号里。

1.几番争吵之后，老王和老吴成了（　　　　　　）的冤家对头。

2.这里地域面积小，人口也不多，人们和睦相处、相亲相爱，简直就是老子心目中（　　　　　）的理想社会啊！

3.不要轻易相信他人的花言巧语，信言不美，（　　　　　　）。

4.村民们（　　　　　　），过着恬淡平静、守望相助的日子。

《道德经》之《德经》

㊳ 上德不德，是以有德；下德不失德，是以无德。上德无为而无以为；下德无为而有以为。上仁为之而无以为；上义为之而有以为。上礼为之而莫之应，则攘臂而扔之。故失道而后德，失德而后仁，失仁而后义，失义而后礼。夫礼者，忠信之薄，而乱之首。前识者，道之华，而愚之始。是以大丈夫处其厚，不居其薄；处其实，不居其华。故去彼取此。

㊴ 昔之得一者：天得一以清；地得一以宁；神得一以灵；谷得一以盈；万物得一以生；侯王得一以为天下正。其致之也，谓天无以清，将恐裂；地无以宁，将恐废；神无以灵，将恐歇；谷无以盈，将恐竭；万物无以生，将恐灭；侯王无以正，将恐蹶。故贵以贱为本，高以下为基。是以侯王自称孤、寡、不穀。此非以贱为本邪？非乎？故至誉无誉。是故不欲琭琭如玉，珞珞如石。

㊵ 反者道之动；弱者道之用。天下万物生于有，有生于无。

㊶ 上士闻道，勤而行之；中士闻道，若存若亡；下士闻道，大笑之。不笑不足以为道。故建言有之：明道若昧；

进道若退；夷道若纇；上德若谷；大白若辱；广德若不足；建德若偷；质真若渝；大方无隅；大器晚成；大音希声；大象无形；道隐无名。夫唯道，善贷且成。

㊷ 道生一，一生二，二生三，三生万物。万物负阴而抱阳，冲气以为和。人之所恶，唯孤、寡、不穀，而王公以为称。故物或损之而益，或益之而损。人之所教，我亦教之。强梁者不得其死，吾将以为教父。

㊸ 天下之至柔，驰骋天下之至坚。无有入无间，吾是以知无为之有益。不言之教，无为之益，天下希及之。

㊹ 名与身孰亲？身与货孰多？得与亡孰病？甚爱必大费；多藏必厚亡。故知足不辱，知止不殆，可以长久。

㊺ 大成若缺，其用不弊。大盈若冲，其用不穷。大直若屈，大巧若拙，大辩若讷。躁胜寒，静胜热。清静为天下正。

㊻ 天下有道，却走马以粪。天下无道，戎马生于郊。祸莫大于不知足；咎莫大于欲得。故知足之足，常足矣。

㊼ 不出户，知天下；不窥牖，见天道。其出弥远，其知弥少。是以圣人不行而知，不见而明，不为而成。

㊽ 为学日益，为道日损。损之又损，以至于无为，无为而无不为。取天下常以无事，及其有事，不足以取天下。

㊾ 圣人常无心，以百姓心为心。善者，吾善之；不善者，吾亦善之；德善。信者，吾信之；不信者，吾亦信之；德信。圣人在天下，歙歙焉，为天下浑其心，百姓皆注其耳目，圣人皆孩之。

㊿ 出生入死。生之徒，十有三；死之徒，十有三；人之生，动之于死地，亦十

有三。夫何故？以其生生之厚。盖闻善摄生者，陆行不遇兕虎，入军不被甲兵；兕无所投其角，虎无所用其爪，兵无所容其刃。夫何故？以其无死地。

51 道生之，德畜之，物形之，势成之。是以万物莫不尊道而贵德。道之尊，德之贵，夫莫之命而常自然。故道生之，德畜之；长之育之；亭之毒之；养之覆之。生而不有，为而不恃，长而不宰，是谓玄德。

52 天下有始，以为天下母。既得其母，以知其子；既知其子，复守其母，没身不殆。塞其兑，闭其门，终身不勤。开其兑，济其事，终身不救。见小曰明，守柔曰强。用其光，复归其明，无遗身殃；是为袭常。

53 使我介然有知，行于大道，唯施是畏。大道甚夷，而人好径。朝甚除，田甚芜，仓甚虚；服文彩，带利剑，厌饮食，财货有余；是谓盗夸。非道也哉！

54 善建者不拔，善抱者不脱，子孙以祭祀不辍。修之于身，其德乃真；修之于家，其德乃余；修之于乡，其德乃长；修之于邦，其德乃丰；修之于天下，其德乃普。故以身观身，以家观家，以乡观乡，以邦观邦，以天下观天下。吾何以知天下然哉？以此。

55 含德之厚，比于赤子。蜂虿虺蛇不螫，攫鸟猛兽不搏。骨弱筋柔而握固。未知牝牡之合而全作，精之至也。终日号而不嗄，和之至也。知和曰常，知常曰明。益生曰祥。心使气曰强。物壮则老，谓之不道，不道早已。

56 知者不言，言者不知。塞其兑，闭其门，挫其锐，解其纷，和其光，同其尘，是谓玄同。故不可得而亲，不可得而疏；不可得而利，不可得而害；不可得而贵，不可得而贱。故为天下贵。

(57) 以正治国，以奇用兵，以无事取天下。吾何以知其然哉？以此：天下多忌讳，而民弥贫；民多利器，国家滋昏；人多伎巧，奇物滋起；法令滋彰，盗贼多有。故圣人云："我无为，而民自化；我好静，而民自正；我无事，而民自富；我无欲，而民自朴。"

(58) 其政闷闷，其民淳淳；其政察察，其民缺缺。祸兮，福之所倚；福兮，祸之所伏。孰知其极？其无正。正复为奇，善复为妖。人之迷，其日固久。是以圣人方而不割，廉而不刿，直而不肆，光而不耀。

(59) 治人事天，莫若啬。夫唯啬，是谓早服。早服谓之重积德，重积德则无不克，无不克则莫知其极，莫知其极，可以有国。有国之母，可以长久。是谓深根固柢，长生久视之道。

(60) 治大国若烹小鲜。以道莅天下，其鬼不神。非其鬼不神，其神不伤人；非其神不伤人，圣人亦不伤人。夫两不相伤，故德交归焉。

(61) 大邦者下流，天下之交，天下之牝。牝常以静胜牡，以静为下。故大邦以下小邦，则取小邦；小邦以下大邦，则取大邦。故或下以取，或下而取。大邦不过欲兼畜人，小邦不过欲入事人。夫两者各得所欲，大者宜为下。

(62) 道者万物之奥。善人之宝，不善人之所保。美言可以市，尊行可以加人。人之不善，何弃之有？故立天子，置三公，虽有拱璧以先驷马，不如坐进此道。古之所以贵此道者何？不曰：求以得，有罪以免邪？故为天下贵。

63 为无为，事无事，味无味。大小多少，报怨以德。图难于其易，为大于其细；天下难事，必作于易，天下大事，必作于细。是以圣人终不为大，故能成其大。夫轻诺必寡信，多易必多难。是以圣人犹难之，故终无难矣。

64 其安易持，其未兆易谋。其脆易泮，其微易散。为之于未有，治之于未乱。合抱之木，生于毫末；九层之台，起于累土；千里之行，始于足下。为者败之，执者失之。是以圣人无为故无败；无执故无失。民之从事，常于几成而败之。慎终如始，则无败事。是以圣人欲不欲，不贵难得之货；学不学，复众人之所过，以辅万物之自然而不敢为。

65 古之善为道者，非以

明民，将以愚之。民之难治，以其智多。故以智治国，国之贼；不以智治国，国之福。知此两者亦稽式。常知稽式，是谓玄德，玄德深矣，远矣，与物反矣，然后乃至大顺。

66 江海之所以能为百谷王者，以其善下之，故能为百谷王。是以圣人欲上民，必以言下之；欲先民，必以身后之。是以圣人处上而民不重，处前而民不害。是以天下乐推而不厌。以其不争，故天下莫能与之争。

67 天下皆谓我："道大，似不肖。"夫唯大，故似不肖。若肖，久矣其细也夫！我有三宝，持而保之。一曰慈，二曰俭，三曰不敢为天下先。慈故能勇；俭故能广；不敢为天下先，故能成器长。今舍慈且勇；舍俭且广；舍后且先；死矣！夫慈，以战则胜，以守则固。

天将救之，以慈卫之。

68 善为士者，不武；善战者，不怒；善胜敌者，不与；善用人者，为之下。是谓不争之德，是谓用人，是谓配天，古之极也。

69 用兵有言："吾不敢为主，而为客；不敢进寸，而退尺。"是谓行无行；攘无臂；扔无敌；执无兵。祸莫大于轻敌，轻敌几丧吾宝。故抗兵相若，哀者胜矣。

70 吾言甚易知，甚易行。天下莫能知，莫能行。言有宗，事有君。夫唯无知，是以不我知。知我者希，则我者贵。是以圣人被褐怀玉。

71 知不知，尚矣；不知知，病也。圣人不病，以其病病。夫唯病病，是以不病。

72 民不畏威，则大威至。无狎其所居，无厌其所生。夫唯不厌，是以不厌。是以圣人自知不自见；自爱不自贵。故去彼取此。

73 勇于敢则杀。勇于不敢则活。此两者，或利或害。天之所恶，孰知其故？是以圣人犹难之。天之道，不争而善胜，不言而善应，不召而自来，繟然而善谋。天网恢恢，疏而不失。

74 民不畏死，奈何以死惧之？若使民常畏死，而为奇者，吾得执而杀之，孰敢？常有司杀者杀。夫代司杀者杀，是谓代大匠斫。夫代大匠斫者，希有不伤其手矣。

75 民之饥，以其上食税之多，是以饥。民之难治，以其上之有为，是以难治。民之轻死，以其上求生之厚，是以轻死。夫唯无以生为者，是贤于贵生。

76 人之生也柔弱，其死也坚强。草木之生也柔脆，其死也枯槁。故坚强者死之徒，柔弱者生之徒。是以兵强则灭，木强则折。强大处下，柔弱处上。

77 天之道，其犹张弓与？高者抑之，下者举之；有余者损之，不足者补之。天之道，损有余而补不足。人之道，则不然，损不足以奉有余。孰能有余以奉天下，唯有道者。是以圣人为而不恃，功成而不处，其不欲见贤。

78 天下莫柔弱于水，而攻坚强者莫之能胜，以其无以易之。弱之胜强，柔之胜刚，天下莫不知，莫能行。是以圣人云："受国之垢，是谓社稷主；受国不祥，是为天下王。"正言若反。

79 和大怨，必有余怨；报怨以德，安可以为善？是以圣人执左契，而不责于人。有德司契，无德司彻。天道无亲，常与善人。

80 小国寡民。使有什伯之器而不用；使民重死而不远徙。虽有舟舆，无所乘之；虽有甲兵，无所陈之。使民复结绳而用之。甘其食，美其服，安其居，乐其俗。邻国相望，鸡犬之声相闻，民至老死，不相往来。

81 信言不美，美言不信。善者不辩，辩者不善。知者不博，博者不知。圣人不积，既以为人己愈有，既以与人己愈多。天之道，利而不害；人之道，为而不争。